# CHORD TONE EM SOLOS NA GUITARRA JAZZ

Domine Solos com Arpejos na Guitarra Jazz

## JOSEPH ALEXANDER

FUNDAMENTAL CHANGES

# Chord Tone em Solos na Guitarra Jazz

## Domine Solos com Arpejos na Guitarra Jazz

### Edição em Português

Publicado por **www.fundamental-changes.com**

ISBN: 978-1910403488

Copyright © 2019 Joseph Alexander

Traduzido por: Anderson de Oliveira Elias Junior

Os direitos morais desse autor foram preservados.

**www.fundamental-changes.com**

# Conteúdo

# Introdução

O solo na guitarra do jazz pode ser um assunto complicado, especialmente quando tratamos dos solos sobre progressões de acordes.

Ao contrário da música pop moderna, os "padrões" do jazz normalmente mudam de tonalidade muitas vezes em apenas um refrão. Esse nível de complexidade harmônica pode forçar o solista a andar por um campo minado de conceitos teóricos enquanto tenta achar algo musical e criativo para tocar. Normalmente pensar demais ao tocar acaba sendo o maior obstáculo para a espontaneidade criativa.

Entretanto, também é verdade que para tocar as notas certas na hora certa, o solista deve conhecer as progressões de acordes profundamente. O conhecimento sólido de como a canção foi construída é essencial para que os solos fluam de forma livre e criativa.

Encontrar o equilíbrio entre a razão e a verdadeira espontaneidade do improviso é um dos mais importantes desafios que todo músico de jazz enfrenta.

Junto com a compreensão e a memorização das progressões de acordes no jazz, os guitarristas normalmente enfrentam o desafio adicional trazido por seu próprio instrumento para tocar acordes corretos, escalas e arpejos ao longo de todo o braço. Ao contrário do piano, pode haver diversos formatos diferentes de um mesmo arpejo.

Aprender a tocar todos os arpejos e escalas de apenas um acorde já é bastante difícil e, além disso, é preciso levar em conta que os acordes raramente são tocados isoladamente. Quando você sola sobre um ou dois acordes em sequência, pode começar a parecer que você está correndo sem sair do lugar.

Com centenas de padrões de jazz para aprender, fica difícil até mesmo encontrar um ponto de partida para aprender a solar na guitarra.

Certamente, se o solo de jazz fosse realmente visto dessa forma, ninguém se atreveria a tocar uma nota. A resposta para todos esses desafios está em simplificar nosso pensamento e encontrar o denominador comum que fundamenta a maioria das progressões do jazz.

A primeira coisa a entender sobre o jazz é que não há na verdade tantas progressões de acordes quanto você poderia pensar. Embora haja centenas de canções de jazz, muitas delas usam sequências de acordes incrivelmente similares. Por exemplo, era normal na era do bebop que músicos como Charlie Parker e Dizzy Gillepsie escrevessem novas melodias nas mesmas progressões de acordes de outras músicas.

As melodias de Anthropology (Parker/Gillespie), Moose the Mooche (Parker) e Oleo (Rollins) são tocadas sobre a progressão de acordes de I Got Rhythm (George Gershwin).

Durante a era do bebop, o jazz estava provavelmente em sua fase de maior complexidade em progressões harmônicas. Os períodos seguintes do Hard Bop e do Jazz Modal eram em geral menos complexos harmonicamente, o que permitia aos solistas serem mais ousados melodicamente. Obviamente existem exceções, especialmente em algumas formas de jazz fusion e também no álbum de John Coltrane, Giant Steps.

Esse livro analisa e ensina você a solar sobre as treze progressões de acordes mais usadas, que formam a espinha dorsal do jazz.

Eu não posso dizer que esse livro aborda todas as possíveis sequências de acordes que você irá se deparar em sua jornada para se tornar um solista de jazz, mas as progressões mencionadas nessas páginas ocorrerão diversas vezes em seus estudos. Essas estruturas comuns formam a base de todo o jazz.

Agora que reduzimos nosso foco de estudo apenas para as treze progressões de acordes mais usadas no jazz, podemos atentar para alguns dos desafios específicos da guitarra.

A maior prioridade de todo músico deveria ser simplesmente *fazer música*. Esquecendo todas as dificuldades vistas nos solos de jazz por um minuto, se houvesse uma forma simples de criar uma melodia memorável sobre uma progressão de acordes, não deveria ser exatamente esse o ponto de partida?

Às vezes, as sequências de acordes do jazz podem ser abordadas usando apenas uma escala "matriz". Por exemplo, todos os acordes na sequência a seguir pertencem à tonalidade de Bb Maior:

Você pode solar por toda essa progressão usando a escala de Bb Maior e a maioria das notas de Bb Maior soarão bem em algum ponto da progressão. Essa abordagem é bastante comum na música pop e no rock.

O problema de uma abordagem por escalas é que o jazz e especialmente o bebop normalmente não costumam formar melodias baseadas em escalas. Em vez disso, eles tendem a tratar cada acorde como uma unidade separada e as improvisações são baseadas no arpejo de cada acorde em vez da "escala matriz" da progressão.

Um arpejo consiste simplesmente nas notas de um determinado acorde tocadas em sequência em vez de todas de uma vez. Você pode pensar em um arpejo como se fosse a "ênfase" nas sílabas dos acordes, uma de cada vez, da mesma forma que uma criança quando diz "di-nos-sau-ro". Quando você toca um arpejo, você está soletrando os acordes em seu solo e articulando suas notas.

Os arpejos são a base dos solos no jazz e há várias maneiras de ligar diferentes arpejos em uma progressão de acordes. É a *focalização* das notas do arpejo que formam a espinha dorsal dos solos no jazz.

Pense nos arpejos como o esqueleto de um solo de jazz, e nas escalas e substituições como na pele e acessórios que podem ser usados para adornar e embelezar o corpo do solo.

Esse livro te ensina como ligar diferentes arpejos sobre as progressões de acordes mais comuns no jazz, junto com algumas importantes substituições, além de dicas e truques para criar solos de forma mais fácil e criativa.

Embora todos os acordes em uma sequência possam pertencer a mesma escala matriz, os arpejos são as ferramentas que nos ajudam a tocar as notas corretas da *escala* sobre os *acordes* certos.

De volta ao diagrama anterior, a escala matriz de Bb Maior tem todas as notas dos arpejos de Cm7, F7 e BbMaj7, como mostradas na tabela, a seguir.

**Escala de Bb Maior: A B C# D E F# G#**

| Acorde | Notas do Arpejo | | | |
|--------|------|------|------|------|
| Cm7 | C | Eb | G | Bb |
| F7 | F | A | C | Eb |
| BbMaj7 | Bb | D | F | A |

Como você pode ver, as notas do arpejo de cada acorde estão todas dentro da escala matriz de Bb Maior, mas cada acorde tem apenas uma seleção de 4 notas.

As notas pertencentes a cada arpejo soam mais fortes e seguras de serem tocadas sobre seus próprios acordes. Por exemplo, a nota Eb soa estável quando tocada sobre um acorde de Cm7, mas se você fosse tocar um Eb sobre um BbMaj7, você ouviria um pequeno conflito que precisaria ser resolvido.

Quando você pratica os solos com arpejos sobre progressões de acordes, você está aprendendo a *ouvir* e *localizar* as notas mais fortes de cada acorde. Assim como aprendendo a "tocar progressões" na guitarra, você está aprendendo a ouvir como essas *notas focalizadas* soam e se comportam. Assim que você tiver internalizado essas notas fortes, suas linhas melódicas irão naturalmente começar a seguir na direção delas.

Essa técnica de focalizar as mudanças de notas em uma progressão de acordes é chamada de "*hitting the changes*" (tocar variações). Certamente, durante seu progresso e desenvolvimento como músico, você pode decidir focalizar notas fora do arpejo, entretanto esse tipo de controle e escolha musical é sempre construído a partir da habilidade de ouvir e tocar boas variações de arpejos em seu instrumento.

Praticando bem os arpejos, fica fácil usar as escalas de forma criativa e objetiva. Ao treinar seus ouvidos com arpejos, você sempre será guiado de forma natural e inconsciente para as notas mais fortes de cada acorde e desenvolverá uma ampla liberdade melódica em seus solos.

Um dos desafios específicos da guitarra é que há diversas maneiras de tocar as mesmas escalas, arpejos e acordes no braço do instrumento. Isso pode dar a impressão de que você deve ser capaz de tocar qualquer estrutura em qualquer lugar do braço. Isso é um equívoco e completamente falso, especialmente quando você está começando.

Embora o domínio total da extensão do braço da guitarra seja um grande objetivo, isso deve ser uma meta de longo prazo. Mesmo os melhores guitarristas do jazz costumam se focar em suas regiões favoritas do braço. É claro, há guitarristas incríveis por aí que são literalmente capazes de tocar qualquer coisa em qualquer região do braço, mas isso é resultado de anos de prática.

Lembre-se que o objetivo do treino é fazer música da forma mais rápida e fácil possível. O objetivo é não ficar bitolado em cada variação possível no braço.

Se você leu algum dos meus outros livros, você sabe que eu sou um grande fã do sistema CAGED. O sistema CAGED te oferece cinco formatos ou posicionamentos de qualquer acorde, escala ou arpejo que irão cobrir o braço completamente.

Ao começar a aprender solos no jazz, eu recomendaria fortemente que você aprendesse cada progressão em apenas uma área do braço. Domine as variações apenas naquela área, porque o que você realmente está fazendo é treinar seus ouvidos para *ouvir* as mudanças.

Sua musicalidade irá se desenvolver rapidamente e você começará logo a permitir que seus dedos se deixem levar por seus ouvidos.

Se você conseguir internalizar o som de uma progressão de acordes completa em uma posição na guitarra, você descobrirá que a transição para outras áreas do braço é muito mais fácil. Essa abordagem direcionada ajuda a desenvolver uma excelente audição e confiança para tocar as variações nessa parte inicial do braço. Isso faz com que você agregue rapidamente todos os outros aspectos melódicos do jazz que fazem a música ganhar vida.

Todas as treze sequências de acordes fundamentais ensinadas nesse livro estão localizadas em uma região do braço. A ideia principal é que você domine uma posição antes de partir para a próxima. Ao longo do livro, você será levado a usar diferentes padrões de abertura dos dedos abrangendo uma área maior do braço.

Por um lado, esse livro fica mais complexo harmonicamente ao londo dele, mas por outro ele se torna mais fácil quando você percebe que está reutilizando muitos dos acordes, arpejos e formatos de escalas que já aprendeu.

As sequências de acordes nesse livro representam a maioria das progressões que você encontrará como guitarrista de jazz. Entretanto, essas progressões devem ser tratadas apenas como exercícios que te ajudam a focar nas notas mais importantes de cada acorde e a aprender as ideias cromáticas e rítmicas que fundamentam os solos na guitarra do jazz.

Esse livro deve ser usado juntamente com outras formas tradicionais para aprender solos de jazz. Inclusive, entre outras:

- Ouvir bons músicos de jazz

- **Aprender a melodia da música que está tocando**

- Aprender transcrições de solos

- Transcrever solos

- Ler livros de licks e vocabulário

- Tocar com outros músicos de jazz

Esse livro te ajuda a dominar as habilidades e progressões essenciais do bebop, enquanto ensina como inserir todas as *notas de aproximação cromática* e técnicas de guitarra que te ajudarão a desenvolver um modo de tocar autêntico dentro do jazz.

Não se esqueça que você pode baixar os áudios de apoio gratuitamente em **www.fundamental-changes. com/download-audio/**.

Você pode clicar duas vezes para expandir as imagens no Kindle.

# Obtenha o Áudio

Os arquivos de áudio desse livro estão disponíveis para download gratuito em **www.fundamental-changes. com** e o link está no canto superior direito. Apenas selecione o título do livro no menu e siga as instruções para baixar os áudios.

Nós recomendamos que você baixe os áudios diretamente para seu computador em vez do seu tablet, e transfira-os para lá depois de adicioná-los a sua galeria de mídia. Então, você pode colocá-los no seu tablet, iPod ou gravá-los em um CD. Na página de download há um PDF para ajudá-lo e nós também oferecemos suporte técnico através do formulário de contato.

## Kindle / eReaders

Para aproveitar ao máximo esse livro, lembre-se de que você pode clicar em qualquer imagem para ampliá-la. Desligue o bloqueio de "rotação de tela" e segure seu kindle em formato paisagem.

**Para Mais de 350 Aulas de Guitarra Com Vídeos Grátis, Acesse:**

**www.fundamental-changes.com**

FB: **FundamentalChangesInGuitar**

Instagram: **FundamentalChanges**

# Como Usar Esse Livro

Esse livro apresenta as treze sequências de acordes mais comuns no jazz e ensina a solar sobre elas usando os melhores arpejos e cromatismos.

A linguagem técnica do jazz pode ser intimidadora a princípio, mas não se preocupe. Cada conceito nesse livro será ensinado de forma lenta e musical, com diversos exemplos. A seção seguinte mostrará um resumo de como esse livro funciona. Os assuntos complexos serão ensinados de uma maneira direta.

Cada capítulo começa mostrando a progressão de acordes que será estudada, junto com exemplos de onde elas podem ser encontradas na música e audições recomendadas. Todos os pontos importantes de teoria são abordados com as tonalidades e uma breve análise das progressões.

Cada exemplo pode ser estudado em uma posição na guitarra que deve ser seu único foco no início. Ao final do capítulo, há outras posições sugeridas para explorar quando você tiver dominado a sugestão inicial.

A coisa mais importante e benéfica que você pode fazer ao aprender um solo é internalizar o *clima* da progressão. Você pode fazer isso tocando os formatos de acordes e aprendendo tudo exaustivamente em uma posição na guitarra. Toque junto com as faixas de fundo para melhorar seu tempo e *feeling*.

Você perceberá que os conceitos são muito mais fáceis de serem aplicados em outras posições se você ouvir e *sentir* as progressões primeiro. Muitos solos excelentes usam apenas a primeira posição da escala pentatônica menor porque ela funciona muito bem. Aprender a solar sobre as progressões em uma posição é trabalho suficiente por enquanto.

O capítulo começa mostrando os formatos de acordes recomendados. Quando você tiver dominado esses acordes, os arpejos corretos serão mostrados ao redor desses acordes. Dependendo do seu nível, seu primeiro trabalho poderá ser memorizá-los.

A melhor abordagem para aprender solos sobre progressões de acordes é focar em pequenas áreas do braço. Por exemplo, você progredirá muito mais rápido se focar em como as notas dos arpejos são diferentes entre os acordes em pequenos grupos de duas cordas.

Muitos exercícios e exemplos musicais são dados em cada capítulo, embora seja necessário enfatizar que *eles são apenas um ponto de partida*! Seu trabalho é encontrar o máximo de caminhos entre as notas do arpejo que puder. Há inúmeras formas de passear pelas variações de acordes que serão discutidas em profundidade em cada capítulo.

Pratique cada sequência em semínima (uma nota por tempo) e use a faixa de fundo para ajudá-lo. Elas são propositalmente bem lentas. Concentre-se em partes pequenas do braço e teste exaustivamente as possibilidades disponíveis.

Quando você tiver mais confiança, tente algumas colcheias e, então, combine semínimas e colcheias. Não se preocupe: muitos exemplos musicais serão dados pelo caminho.

A próxima etapa é inserir algumas notas cromáticas. Pense nesse passo como o momento de "ligar os pontos". Mais uma vez, isso será explicado em detalhes em cada seção, mas a ideia básica é inserir notas que conectem os arpejos da forma mais suave e melódica possível.

Há muitos exercícios extras dados no capítulo quinze que podem ser aplicados a cada progressão de acordes nesse livro. Esses exercícios podem focar um intervalo específico de cada arpejo, combinar intervalos, oferecer a você um conceito rítmico ou mesmo te fazer tocar fora das notas originais do acorde. Esse tipo de treino melhora suas habilidades no braço do instrumento, sua compreensão musical e também te ajuda a internalizar o clima da progressão.

## Substituições de Arpejo

No jazz, é possível (e comum) tocar diferentes arpejos *substitutos* sobre um acorde. *Substituições* adicionam extensões ao acorde original como 9ª, 11ª e 13ª. A substituição mais comum no jazz é tocar um novo arpejo que comece a partir da 3ª do acorde original. Esse conceito é explicado e discutido em profundidade no capítulo um.

Cada progressão nesse livro tem pelo menos um acorde dominante 7 *funcional*. Um acorde dominante 7 funcional é aquele que se resolve no acorde tônica, por exemplo, F7 para BbMaj7. Acordes dominante 7 funcionais permitem que se toque uma grande variedade de arpejos sobre eles. A mais importante dessas *substituições de dominante* será apresentada aos poucos durante o livro. Algumas vezes, essas substituições têm nomes estranhos/legais como "A Substituição do Trítono". Não deixe o nome te abalar, o conceito é relativamente simples.

Na música, os acordes dominante 7 são normalmente um ponto de tensão da música. Como eles são tensos e serão rapidamente resolvidos em outro acorde, os músicos de jazz gostam de adicionar uma tensão *extra* a esses acordes dominantes.

A tensão extra é dada aos acordes dominante 7, adicionando-se *alterações cromáticas* a sua harmonia original. Por exemplo, a sequência F7 para BbMaj7 poderia igualmente ser tocada como F7b5b9 para BbMaj7. Os solistas colocam esse tipo de *tensão alterada* na melodia usando substituições de arpejos específicas no lugar do acorde F7 original.

Sempre que uma nova substituição for introduzida, haverá uma explicação completa e muitos exemplos musicais para te ajudar a incorporá-la naturalmente em sua forma de tocar. É importante lembrar que todas essas substituições de arpejos são simplesmente *opções*. A única forma de julgá-las é tentar usá-las e se você não gostar delas, descarte-as por enquanto.

Deixando as substituições de lado, se você é iniciante em solos de jazz, sua prioridade absoluta é dominar o primeiro nível de arpejos (tônica até 7ª) sobre cada grupo de progressões. Uma vez que esses arpejos estejam dominados, você pode finalmente começar a introduzir notas cromáticas e substituições neles.

75% de um solo de Bebop é baseado nesses primeiros arpejos que são ensinados em cada capítulo. Você com certeza deve passar a maior parte do tempo aprendendo eles. Talvez 20% do solo irá usar arpejos substitutos simples e cerca de 5% usará as ideias mais complexas, ensinadas mais tarde neste livro. Aproveite bem seus treinos.

Divirta-se!

Joseph

# Capítulo Um: ii V I Maior

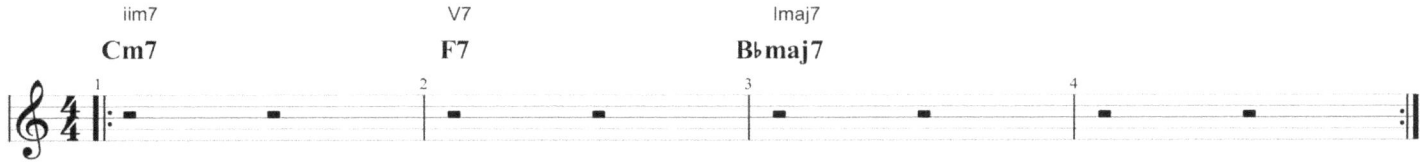

Essa progressão pode ser ouvida na Faixa de Fundo Um.

**Tonalidade:** Bb Maior.

**Escala Matriz:** Bb Maior.

A progressão Maior ii V I é o alicerce da formação do jazz. Ela pode ser ouvida em quase todas as músicas a partir do fim da "Era do Swing" em diante. É importante saber que no jazz o acorde iim7 foi adicionado um pouco mais tarde e se tornou mais popular durante a "Era do Bebop". Na maior parte do período do *swing*, essa progressão de acordes era normalmente escrita simplesmente como V I. O acorde ii foi adicionado pelos músicos de bebop para dar uma opção de solo adicional sem afetar a tonalidade da progressão.

Boas canções para se ouvir a sequência Maior ii V I são:

- Blue Bossa
- Tune Up
- Autumn Leaves
- Perdido
- All the Things You Are

E muitas outras.

O processo que você aprenderá nesse capítulo será repetido depois em cada capítulo usando progressões de acordes diferentes. Não se apresse nos próximos passos, já que o seu esforço agora te ajudará a construir um entendimento profundo e sensibilidade musical para a maioria das progressões de acordes mais tocadas na música.

Comece aprendendo as progressões de acordes e os formatos dos acordes (aberturas).

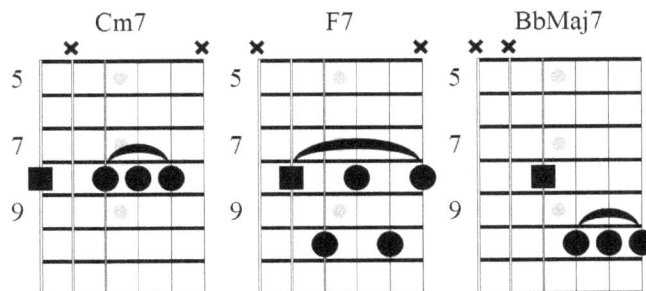

Memorize esses formatos de acordes e toque-os com a Faixa de Fundo Um. Esses acordes são lembretes visuais de tudo que se seguirá nesse capítulo.

Você precisa saber os arpejos a seguir para solar sobre cada acorde. Perceba que eles são construídos nos formatos de acordes anteriores. Tente visualizar cada acorde enquanto você sobe e desce em cada arpejo.

**Arpejos Posição Um:**

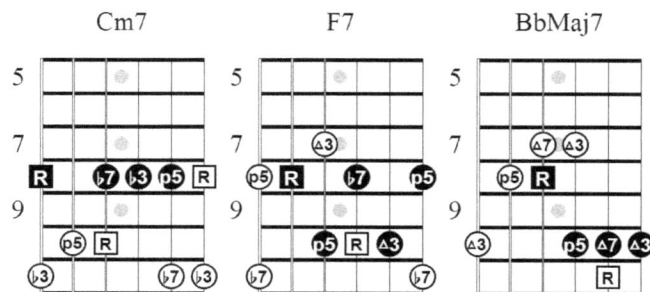

Use os passos a seguir para ajudá-lo a memorizar cada formato de arpejo. Antes de cada passo, *toque o acorde associado com cada arpejo (mostrados em preto).*

- Toque o arpejo ascendente a partir da tônica. A tônica é mostrada pelo quadrado preto.

- Toque o arpejo ascendentemente a partir da nota mais grave na sexta corda (grave).

- Toque o arpejo descendentemente a partir da nota mais aguda na primeira corda (aguda).

- Suba e desça o arpejo a partir da nota mais grave até a mais aguda.

- Repita o passo anterior, mas dessa vez diga o nome de cada intervalo em voz alta enquanto toca. Por exemplo, para o arpejo de Cm7 acima, diga, "Tônica, terça bemol, quinta, sétima bemol".

Quando você puder tocar esses arpejos confortavelmente, tente ligar os três arpejos usando os passos a seguir (você não precisa ter memorizado cada formato ainda, não há problema em lê-los nos papel).

- Suba cada arpejo uma vez a partir da tônica. Dê um pequeno intervalo entre cada arpejo.

- Suba cada arpejo uma vez a partir da nota mais grave na sexta corda.

- Desça cada arpejo uma vez a partir da nota mais aguda na primeira corda.

- Suba o primeiro arpejo a partir da nota mais grave, desça o segundo a partir da nota mais aguda e, então, suba o terceiro a partir da nota mais grave.

- Inverta o passo anterior.

Seja criativo com seus exercícios e descubra novas formas de memorizar esses formatos de arpejo. Até mesmo escrever os arpejos de memória pode ser benéfico se você não tiver uma guitarra por perto.

Quando você estiver confiante, é hora de começar a tocar alguns exercícios para focar as progressões de acordes. A primeira tarefa é focar em uma parte pequena da guitarra e descobrir o maior número possível de formas de mudar entre os arpejos.

Use a Faixa de Fundo Um, comece isolando as duas cordas do topo da guitarra e toque quatro notas de cada arpejo em cada compasso (semínima).

**Exemplo 1a:**

```
Cm7                        F7                      Bbmaj7
  1                          2                       3                        4
T   11    8                     10    8   11    8      10                        10               10
A       11    8                                           11   10   11              10    11
B
```

```
Cm7                        F7                      Bbmaj7
  5                          6                       7                        8
T   8                           10    8   11    8      10                        10
A       11    8   11                                      11   10   11              11   10   11
B
```

No exemplo anterior, a sequência de acordes é repetida duas vezes e, em cada repetição, eu mostrei uma forma diferente de passear pelas alterações. A única regra é tocar uma nota do novo arpejo toda vez que o acorde mudar.

Os exemplos nesse livro são apenas um ponto de partida. Sua missão é descobrir o maior número de formas de caminhar entre cada arpejo. Ficando nessas duas cordas, deixe seus dedos passearem pelos formatos de arpejos e veja quantos caminhos você consegue descobrir ao "tocar as progressões".

Quando você começar a ficar sem ideias, mude para o próximo grupo de duas cordas, por exemplo a segunda e terceira cordas, e repita o exercício. Aqui estão dois caminhos possíveis entre as mudanças.

**Exemplo 1b:**

Cm7          F7          B♭maj7

```
TAB (compassos 1-4)
1: 8  11  8        2: 10      10        3: 7  10          10  11   4: 10
              8           10      10  8              10            10   7   10
```

Cm7          F7          B♭maj7

```
TAB (compassos 5-8)
5: 8  11  8       6: 10      10       7: 11  10       10       8:              10
   8                 10   8                    10          10   7   10
```

Repita esse processo movendo-se através de cada grupo de duas cordas: cordas três e quatro, quatro e cinco; e finalmente cinco e seis.

Deve estar claro agora que algumas notas são comuns a mais de um arpejo. Se você quiser repetir uma nota em uma mudança de acordes, só é possível se a nota existir em ambos os arpejos.

Aos poucos, você pode começar a focar em grupos um pouco maiores de cordas. O exemplo a seguir mostra o mesmo exercício tocado ao longo da segunda, terceira e quarta cordas.

**Exemplo 1c:**

Cm7          F7          B♭maj7

```
TAB (compassos 1-4)
1: 8                2:               3: 7  10   10  11   4: 10
      8                   8                                       10  7
         10  8       7  10      10                                        8
```

Cm7          F7          B♭maj7

```
TAB (compassos 5-8)
5:            8  11   6: 10           7: 8  7  8   7   8:      10  11  10
      8                   10  8                                10
   10                            10
```

14

Encontre tantas formas quanto puder para se movimentar pelas progressões usando apenas esse grupo de três cordas.

Treine em cada grupo de três cordas adjacentes possível e, então, passe para grupos de quatro cordas. Você irá rapidamente desenvolver diversas formas de ligar cada arpejo. O seu trabalho duro agora será recompensado no futuro.

Quando você evoluir, comece a dobrar alguns ritmos adicionando colcheias. Uma excelente forma de começar é inserir colcheias no tempo final de cada compasso.

**Exemplo 1d:**

Repita esse exercício, mas tente variar o tempo no qual você coloca as notas em colcheias. Aos poucos coloque mais colcheias em cada compasso até cada nota estar em colcheias.

## Ligando os Pontos

A próxima etapa é tocar uma nota *fora do arpejo* no tempo quatro de cada compasso. Há três formas de fazer isso.

1) Com *notas de passagem cromática:* Uma nota de passagem cromática cobre o espaço de um tom entre as notas dos arpejos de acordes diferentes.

2) Com *notas da escala:* Uma nota da escala também pode ser usada para cobrir um espaço, mas o tom da escala sempre virá da escala matriz do acorde. Nesse capítulo, a escala matriz é Bb Maior.

*3)* Com *notas de aproximação cromática:* Elas são exatamente como as notas de passagem cromática, mas podem ser tocadas em *ambos os lados* da nota alvo.

Essas três técnicas são os floreios mais usados no jazz e são sempre utilizadas para suavizar as transições entre as notas em arpejos diferentes. É mais fácil de ver e ouvir na música.

Estude o exemplo a seguir cuidadosamente. Preste atenção nas primeiras cinco notas.

**Exemplo 1e:**

No tempo quatro do primeiro compasso, eu adicionei uma nota de passagem cromática para preencher o espaço entre os arpejos de Cm7 e F7. Embora essa nota não tenha nada a ver com os arpejos, ela preenche o espaço entre as notas nos arpejos. A sequência de notas começando no tempo três é G, G# e A; e forma uma melodia que sobe cromaticamente.

A mesma técnica é usada no fim do compasso dois, onde eu juntei o b7 do arpejo de F7 (Eb) com a 5ª do arpejo de BbMaj7 (D). A sequência de notas é Eb, E e F.

A ideia é repetida no compasso quatro, onde eu ligo a 5ª do acorde BbMaj7 (F) com a 5ª do acorde de Cm7 (G) usando a nota cromática "F#".

Sempre que houver a distância de um tom entre uma mudança de acordes, ela pode ser preenchida com uma nota de passagem cromática dessa maneira.

No compasso cinco, eu uso uma *nota da escala* para ligar os acordes de Cm7 e F7. A nota da escala funciona exatamente da mesma maneira que a nota de passagem cromática, mas a nota vem da escala tônica de Bb Maior:

Bb Major

Eu usei uma nota da escala porque a distância entre as notas de mudança do arpejo eram maiores do que um tom e a nota da escala era a forma mais suave de ligar as duas notas.

Finalmente, entre os compassos cinco e seis, eu usei uma nota de *aproximação* cromática. Eu fiz isso porque a última nota do acorde de F7 (Eb) e a primeira nota do acorde de Bb (D) estavam *a apenas um semitom de distância* e, portanto, não havia espaço para preencher cromaticamente.

Eu precisava tocar alguma coisa no tempo quatro que levasse ao acorde de BbMaj, por isso eu "saltei" a nota alvo (D) e toquei uma nota um semitom *abaixo* da nota alvo (C#). Isso significa que eu pude cercar a minha nota alvo por um semitom em ambos os lados.

Essa é uma técnica comum e as três notas juntas (Eb, C# e D) formam uma importante estrutura melódica chamada de *enclosure*. Pense no *enclosure* como um sanduíche com a nota alvo como recheio.

O próximo exemplo mostra um outro caminho entre as mudanças e faz uso de todas as três técnicas descritas acima. Cada técnica está destacada na música.

**Exemplo 1f:**

Analise o exemplo anterior e esteja certo de que você entendeu como as diferentes técnicas funcionam. Leia novamente a seção "Ligando os Pontos" se você estiver com dúvidas.

O conceito mais importante para treinar é o padrão de *nota de passagem cromática*. Que é quando você preenche o vão de um tom entre os arpejos. Comece adicionando uma nota de passagem cromática no tempo quatro do compasso porque isso irá dar força melódica a linha quando for focar a nota do arpejo no próximo acorde.

Se nenhuma nota de passagem cromática puder ser usada, tente "cercar" a nota alvo com um *enclosure* (nota de aproximação) ou use uma aproximação através da escala de Bb Maior.

Comece com grupos simples de duas cordas e explore o maior número de formas que puder para ligar os pontos usando notas de passagem cromática no tempo quatro.

Ao ganhar confiança e percepção, aos poucos comece a usar grupos de três cordas e quatro cordas.

Por fim, comece a inserir colcheias da mesma forma que fez no exemplo 1d. O exemplo a seguir mostra apenas uma forma de adicionar colcheias ao tempo quatro de cada compasso.

**Exemplo 1g:**

Treine o exemplo 1g e esteja certo de que você entendeu como eu passei de uma nota do acorde para a seguinte em cada mudança. Lembre-se, há centenas de maneiras diferentes de tocar essas variações. Só depende de você investir o tempo necessário para achar tantos caminhos quanto possível. Aos poucos, coloque mais colcheias nos tempos.

Quando você treinar essas ideias, comece bem devagar sem usar um metrônomo ou faixa de fundo. Quando você se familiarizar, ponha a faixa de fundo e certifique-se de tocar uma nota correta do arpejo no tempo um de cada compasso. Não se preocupe com os erros, eles sempre acontecem no início e te ajudam a aprender mais rapidamente.

O objetivo real é esquecer as linhas e padrões constantes e aos poucos deixar espaços em sua execução. A ideia é tocar frases mais curtas que atravessem o compasso. Você verá que seu fraseado ganhará um sotaque de jazz imediatamente.

Aqui está está uma ideia melódica que usa todos os conceitos abordados nesse capítulo.

**Exemplo 1h:**

A linha anterior é completamente construída a partir de notas do acorde e notas de aproximação cromática. A única coisa que mudou foi o ritmo.

## Arpejos Estendidos 3-9

*Eu recomendo que você não siga nesta seção até que tenha tocado os arpejos anteriores na posição da tônica confortavelmente por algumas semanas.*

Até agora, nós focamos nos arpejos que "soletram" cada acorde. As notas do arpejo são idênticas ao acorde e têm os intervalos 1, 3, 5 e 7.

Esses arpejos são:

| Cm7 | C | Eb | G | Bb |
|---|---|---|---|---|
| Intervalos | 1 | b3 | 5 | b7 |

| F7 | F | A | C | Eb |
|---|---|---|---|---|
| Intervalos | 1 | 3 | 5 | b7 |

| BbMaj7 | Bb | D | F | A |
|---|---|---|---|---|
| Intervalos | 1 | 3 | 5 | 7 |

Uma técnica útil e comum no jazz e em outros gêneros é a construção de um novo arpejo de quatro notas a partir da 3ª de cada acorde. Em vez de tocar 1, 3, 5, 7, nós tocaremos 3, 5, 7, 9.

O efeito disso é a adição da riqueza do intervalo de 9ª nas melodias e também evitar a tônica. Você possivelmente já notou que repousar na tônica na melodia pode colocar um ponto final nela, especialmente no acorde tônica (BbMaj7).

Ao evitar a tônica, adicionamos riqueza e movimento aos solos.

Para formar um arpejo 3-9, comece na 3ª do acorde e construa quatro notas.

Por exemplo:

| Cm7 (1-b7) | C | Eb | G | Bb | |
|---|---|---|---|---|---|
| **Cm7 (3-9)** | *C* | **Eb** | **G** | **Bb** | **D** |
| Intervalos | *1* | **b3** | **5** | **b7** | **9** |

As notas no arpejo *estendido* de Cm7 são Eb, G, Bb e D.

Repetindo o processo nos acordes F7 e BbMaj7, os seguintes arpejos 3-9 são criados:

| F7 (1-b7) | F | A | C | Eb | |
|---|---|---|---|---|---|
| **F7 (3-9)** | *F* | **A** | **C** | **Eb** | **G** |
| Intervalos | *1* | **3** | **5** | **b7** | **9** |

| BbMaj7 (1-7) | **Bb** | D | F | A | |
|---|---|---|---|---|---|
| **BbMaj7 (3-9)** | *Bb* | **D** | **F** | **A** | **C** |
| Intervalos | *1* | **3** | **5** | **7** | **9** |

Você pode perceber que esses arpejos estendidos formam novos arpejos a sua maneira. Por exemplo, as notas no arpejo estendido (3-9) de BbMaj7: D, F, A e C formam um novo arpejo de Dm7. Saber disso pode ser tanto uma vantagem quanto uma distração. Se você está apenas começando a explorar os arpejos estendidos, isso é certamente uma distração, portanto não se preocupe com a teoria por enquanto.

Os três arpejos estendidos anteriores podem ser tocados da seguinte maneira nessa posição da guitarra:

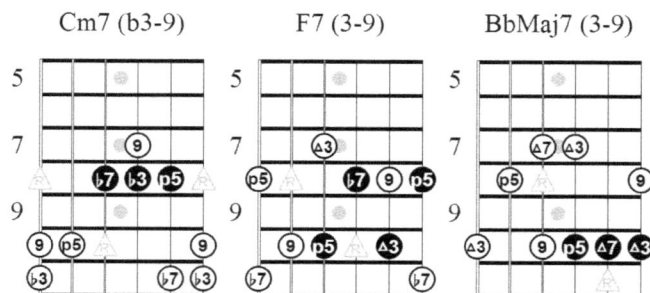

Cm7 (b3-9)     F7 (3-9)     BbMaj7 (3-9)

As tônicas foram incluídas apenas para referência. Não toque-as nesses arpejos.

Repita o processo de aprendizado desses arpejos como mostrado na página onze. O tempo dedicado aqui tornará as próximas etapas mais fáceis e rápidas. Lembre-se, você só precisa aprender esses arpejos uma vez para tê-los pelo resto da sua carreira.

Enquanto você estiver aprendendo cada arpejo estendido, será bastante benéfico ouvir os acordes originais no fundo. Isso te ajudará a ouvir a 9ª adicionada na harmonia original e a ensinar aos seus ouvidos a "aceitarem" ela como uma nota do acorde. Aprender música é basicamente aprender a ouvir coisas novas.

Grave-se tocando um *loop* de Cm7 para praticar o arpejo b3-9. Se você não tiver como fazer isso, use um desses *apps* para te ajudar. Veja o SessionBand: Jazz para iOS e iReal Pro for Mac para iOS.

Lembre-se de tocar o acorde associado a cada arpejo antes de tocar o próprio arpejo.

Quando você tiver familiarizado com o som e o clima de cada arpejo, repita todo esse capítulo, substituindo os arpejos 3-9 pelos formatos da posição tônica. Comece exercitando em grupos de duas cordas antes de passar para grupos de três e quatro cordas.

O exercício a seguir mostra algumas formas de ligar os arpejos 3-9 sobre as progressões. Eles são apenas o início. Como sempre, a chave para o sucesso é explorar essas ideias o mais detalhadamente que você puder.

**Exemplo 1i:** (Três cordas superiores)

**Exemplo 1j:** (Três cordas medianas)

**Exemplo 1k:** (Com notas de aproximação)

Quando você estiver familiarizado, adicione colcheias no tempo quatro e aos poucos aumente a frequência delas ao ficar mais fluente. Lembre-se de deixar espaços entre as frases e use essas ideias musicalmente. O objetivo de todo exercício é desenvolver novas ideias musicais. Ao simplesmente dividir essas longas sequências de notas, você estará mais perto de ver a música surgir. Não se esqueça de *ouvir* bons músicos.

Há outras opções de arpejos para o acorde de F7 que nós abordaremos mais tarde, nesse livro. Para um estudo mais aprofundado da progressão ii V I Maior, veja meu livro **Fundamental Changes in Jazz Guitar**.

Ao desenvolver suas habilidades, você pode aplicar as ideias de cada capítulo em outras regiões na guitarra. Os diagramas de arpejos e acordes a seguir te ajudarão a usar os conceitos anteriores em novas áreas.

*As posições a seguir não devem ser tentadas até você estar confiante para tocar os arpejos na primeira posição fluentemente e de memória. Também é recomendável que você estude algumas das outras progressões usuais antes de retornar a esse capítulo.*

**Arpejos 1-7, Acordes e Escalas:**

**Arpejos 3-9 e Acordes:**

Cm7 (b3-9)    F7 (3-9)    BbMaj7 (3-9)

Cm7 (b3-9)    F7 (3-9)    BbMaj7 (3-9)

# Capítulo Dois: I vi ii V7 (7b9 Substituição)

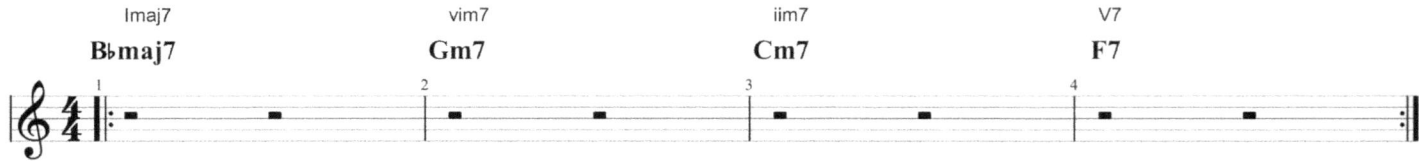

Essa progressão pode ser ouvida na Faixa de Fundo Dois.

**Tonalidade:** Bb Maior.

**Escala Matriz:** Bb Maior (A pentatônica de Bb Maior é uma escolha de escala usual para os quatro compassos)

A progressão I vi ii V é extremamente usual no jazz e utilizada em muitos temas. A sequência foi popularizada por George Gershwin com a música "I Got Rhythhm" e tem sido um pilar do jazz desde então. Embora você normalmente vá ouvi-la em sua forma original, como mostrado acima, a *qualidade* de cada acorde é normalmente modificada. A qualidade do acorde quer dizer se ele é Maj7, m7, 7 etc. Por exemplo, é bastante comum ouvir no jazz cada acorde da sequência como um formato dominante com 7ª.

A progressão I vi ii V é conhecida como uma sequência de acordes *turnaround* porque é normalmente encontrada no fim da progressão e leva a música de volta ao início. Se todos os acordes na sequência I vi ii V forem diatônicos, como mostrado acima, então a escala matriz Maior, nesse caso, Bb maior, pode ser tocada ao longo de toda a progressão.

Você verá a progressão I vi ii V muitas vezes no jazz e algumas músicas excelentes para serem estudadas são:

- I Got Rhythm
- Oleo
- Moose the Mooche
- Isn't It Romantic?
- Heart and Soul

Os formatos de acordes básicos podem ser tocados assim:

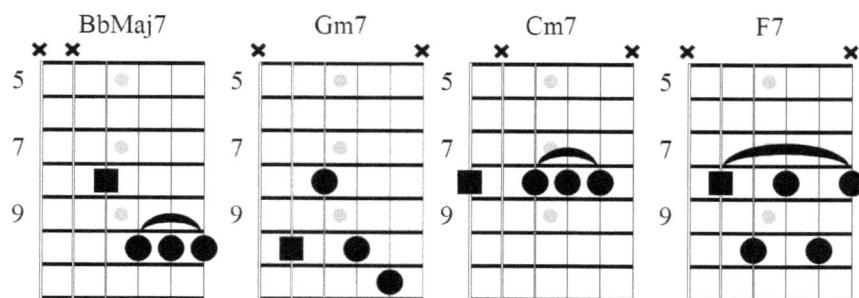

Esses são os arpejos que você precisará usar para solar nesses acordes. A boa notícia é que você já conhece três deles.

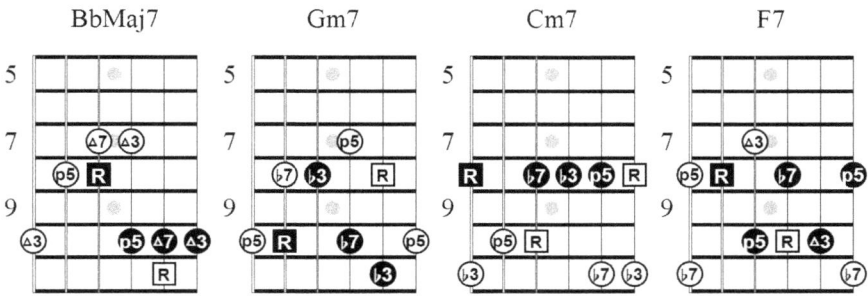

Como você pode observar, 75% dessa progressão é formada pelo ii V I estudado no capítulo anterior. A única adição é o acorde vi (Gm7).

Passe algum tempo aprendendo bem o arpejo de Gm7 antes de explorar as sequências de arpejos em grupos de duas, três e quatro cordas sobre as mudanças de acordes. Ao praticar os exemplos a seguir, você perceberá que os arpejos de Bm7 e BbMaj7 têm muitas notas em comum. Tente focar a única nota que muda entre esses acordes.

Eis algumas ideias para começar.

**Exemplo 2a:**

Explore cada grupo de duas cordas cuidadosamente antes de passar aos grupos de três cordas.

**Exemplo 2b:**

Explore cada grupo de três cordas cuidadosamente antes de passar aos grupos de quatro cordas.

**Exemplo 2c:**

Bbmaj7 Gm7 Cm7 F7 Bbmaj7 Gm7 Cm7 F7

Explore cada grupo de quatro cordas cuidadosamente antes de passar aos grupos de cinco e seis cordas.

Ao se familiarizar, comece a usar colcheias da mesma forma que na página treze. Comece inserindo colcheias no tempo quatro, antes de mudar a posição delas no compasso e aos poucos aumentar a sua frequência.

Quando você puder se movimentar fluentemente por essas variações usando apenas arpejos, comece a inserir algumas ideias cromáticas do capítulo anterior. Lembre-se, as três técnicas cromáticas são:

- Preencher o espaço de um tom entre diferentes arpejos com uma nota de passagem cromática

- Preencher um espaço maior entre arpejos com uma nota da escala

- Envolver uma nota com um padrão de notas de aproximação se o novo arpejo estiver a apenas um semitom de distância no tempo três

Os exemplos a seguir mostram formas diferentes de combinar essas ideias, embora você deva focar em apenas uma ideia cromática por vez.

**Exemplo 2d:** (Adicionando ideias cromáticas no tempo quatro)

Bbmaj7 Gm7 Cm7 F7 Bbmaj7 Gm7 Cm7 F7

**Exemplo 2e:** (Adicionando colcheias no tempo quatro)

**Exemplo 2f:** (Usando ritmos e notas de aproximação para criar uma melodia)

## Arpejos Estendidos 3-9

É usual tocar arpejos estendidos 3-9 sobre a progressão I vi ii V.

Esse é o arpejo 3-9 para o acorde de Gm7.

| Gm7 (1-b7) | G | Bb | D | F | |
|---|---|---|---|---|---|
| **Gm7 (b3-9)** | ~~G~~ | **Bb** | **D** | **F** | **A** |
| Intervalos | ~~1~~ | b3 | 5 | b7 | 9 |

Ele é mostrado aqui combinado com outros arpejos 3-9 na sequencia:

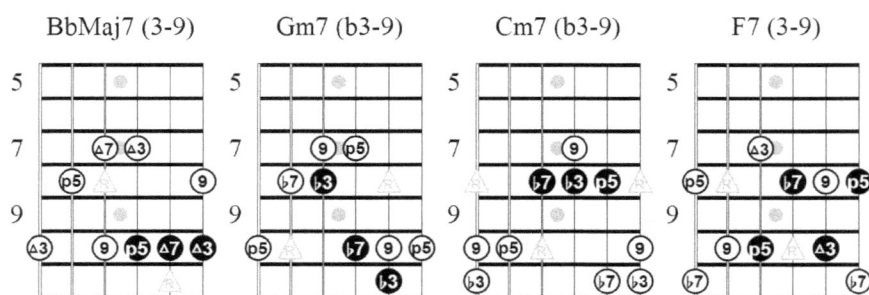

Assim como no capítulo um, treine a progressão de acordes e substitua cada um dos arpejos originais por arpejos estendidos 3-9.

Você perceberá rapidamente que o arpejo estendido b3-9 de Gm7 tem as mesmas notas do arpejo de BbMaj7. O fato desses acordes terem muito em comum é geralmente um problema para os solistas que estão tentando focar em tons guias. Em muitas músicas o acorde vi(m7) (Gm7) é normalmente trocado pelo acorde VI(7) (G7).

O acorde de G7 tem a nota B que é uma boa nota para focar a partir do Bb no acorde de BbMaj7. Essa alteração usual é abordada no próximo capítulo.

Para praticar arpejos 3-9 sobre variações, comece com grupos de duas cordas e aos poucos mova-se pela guitarra antes de aumentar a extensão para grupos de três e quatro cordas.

O exemplo a seguir é um bom começo.

**Exemplo 2g:**

Treine o uso desses arpejos exaustivamente e aos poucos insira os padrões de notas de aproximação e ideias rítmicas que abordamos até aqui.

## A Substituição 7b9 (Diminuta)

O solistas de jazz usam uma grande variedade de substituições de arpejos não-diatônicos para dar tensão aos solos.

Uma substituição não-diatônica é aquela onde o arpejo substituto tem notas que estão *fora* do centro tonal ou escala matriz do acorde. Um dos lugares mais comuns para se usar uma substituição de acordes não-diatônicos é no acorde dominante (de resolução). No exemplo anterior, o acorde dominante é F7 e ele está sendo resolvido no acorde tônica BbMaj7.

O F7 é visto como um ponto de tensão harmônica que é aliviada quando se resolve no BbMaj7.

Como o acorde dominante (F7) é um ponto de tensão na progressão, os músicos de jazz acham normal inserir *qualquer* dose adicional de tensão nesse ponto do solo, contanto que a tensão na ideia melódica se resolva quando o acorde se resolver na tônica no compasso seguinte.[1]

A substituição mais usual do acorde dominante 7 é *tocar um arpejo diminuto 7 a partir da 3ª do acorde dominante.*

Vamos ver quais notas são focadas quando tocamos um arpejo diminuto 7 a partir da 3ª do F7 (A).

| F7 (1-b7) | F | A | C | Eb | |
|-----------|---|---|---|----|--|
| A Dim7 | | A | C | Eb | Gb |
| Intervalos | 1 | 3 | 5 | b7 | b9 |

Como você pode ver, quando um arpejo de Adim7 é tocado sobre o acorde de F7, as notas são quase idênticas ao arpejo 3-9 que vimos anteriormente. A única diferença muito importante é que a tônica (F) foi retirada e trocada por um intervalo b9 (Gb).

---

[1] Essa é uma grande generalização, mas normalmente verdadeira.

Isso pode ser visto na comparação dos diagramas:

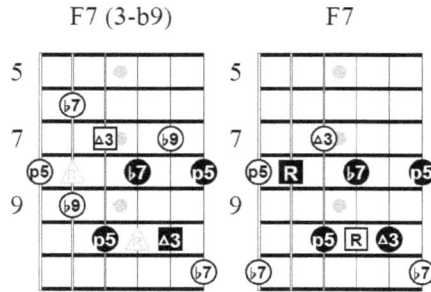

F7 (3-b9)          F7

No primeiro diagrama, a tônica do do acorde (F) é mostrada com um triângulo e a tônica do arpejo de Adim7 é mostrada com um quadrado. Você percebe que a única mudança é que a tônica de F7 foi removida e aumentada um semitom?

Essa é a substituição mais comum para um acorde dominante no Jazz.

O arpejo de Adim7 tem todas as notas importantes do acorde de F7[2] e um intervalo b9 adicional. O som criado é o do F7b9.

Os exemplo a seguir usa arpejos 1-7 para cada acorde, mas usam o arpejo Adim7 no acorde de F7 para criar um som de F7b9.

Você só precisa lembrar de subir a tônica do arpejo de F7 em um semitom.

**Exemplo 2h:**

Trate o intervalo b9 exatamente como se ele fosse uma nota normal do acorde.

Este é um outro exemplo que usa notas de aproximação cromática.

---

[2] A tônica não é importante porque algum outro músico geralmente irá tocá-la.

**Exemplo 2i:**

Este último exemplo usa algumas colcheias.

**Exemplo 2j:**

Tente as três ideias anteriores com a Faixa de Fundo Dois. Você consegue ouvir como o intervalo b9 dá colorido e tensão ao acorde dominante? É normal que o Gb no acorde de F7b9 se resolva na nota F do acorde BbMaj7.

Passe alguns dias explorando o som do 7b9. Quando tiver mais fluência, adicione o arpejo estendido 3-9 em outros acordes e combine-os com o arpejo 7b9 no F7.

*As posições a seguir não devem ser tentadas até você estar confiante para tocar os arpejos na primeira posição fluentemente e de memória. Também é recomendável que você estude algumas das outras progressões usuais antes de retornar a este capítulo.*

Ao desenvolver suas habilidades, você pode aplicar as ideias de cada capítulo em outras regiões na guitarra. Os diagramas de arpejos e acordes a seguir te ajudarão a usar os conceitos anteriores em novas áreas.

31

# Arpejos 1-7, Acordes e Escalas:

BbMaj7  Gm7  Cm7  F7  Bb Major

BbMaj7  Gm7  Cm7  F7  BbMaj7

# Arpejos 3-9 e Acordes:

Gm7 (b3-9)  BbMaj7 (3-9)  Cm7 (b3-9)  F7 (3-9)  F7 (3-b9)

Gm7 (b3-9)  BbMaj7 (3-9)  Cm7 (b3-9)  F7 (3-9)  F7 (3-b9)

# Capítulo Três: I7 VI7 II7 V7

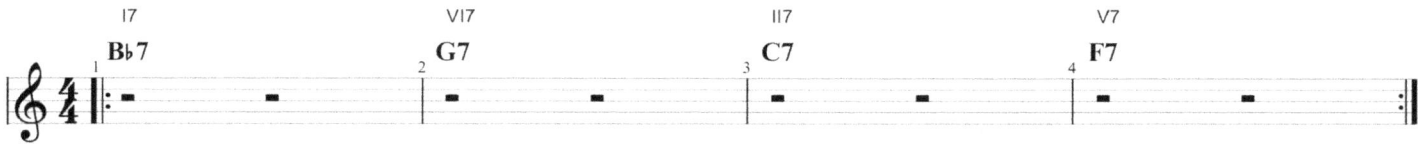

Essa progressão pode ser ouvida na Faixa de Fundo Três.

**Tonalidade:** Derivada dos acordes em Bb Maior. Todas as qualidades dos acordes foram modificadas para um formato dominante 7.

**Escala Matriz:** A abordagem por escalas mais simples para essa progressão é tocar o Mixolídio em cada acorde, por exemplo, Bb Mixolídio, G7 Mixolídio, C Mixolídio e F Mixolídio. Na prática, muitas escalas diferentes são usadas.

A progressão diatônica I vi ii V do capítulo anterior acontece frequentemente no jazz e forma a base para muitos temas populares. Entretanto, alguns dos acordes nessa progressão são normalmente alterados e recebem diferentes *qualidades*.

A qualidade de um acorde é a parte depois da nota tônica que *descreve* sua emoção e construção. Por exemplo, a qualidade de um acorde pode ser Maj7, m7, m7b5, 7, 7b9 ou mesmo algo como 13#9.

No jazz, *qualquer* acorde pode ter sua qualidade alterada e a alteração mais comum é transformar alguns acordes em dominantes com 7ª. Na progressão I vi ii V, o acorde vi (Gm7 na progressão acima) normalmente irá ser tocado como um acorde dominante 7 (G7). Até mesmo o acorde I algumas vezes é transforma em um dominante 7 para dar um efeito blueseiro.

É menos comum ver o acorde ii (Cm7) tocado em um formato dominante, mas ele está incluído no capítulo para prática.

Além de ser convertido para um formato dominante, o acorde vi (G7) é normalmente tocado como um acorde de G7b9. Essa é uma oportunidade perfeita para usar a substituição 7b9 "diminuta" que você aprendeu no capítulo anterior.

Os formatos de acordes dominantes básicos podem ser tocados da seguinte maneira:

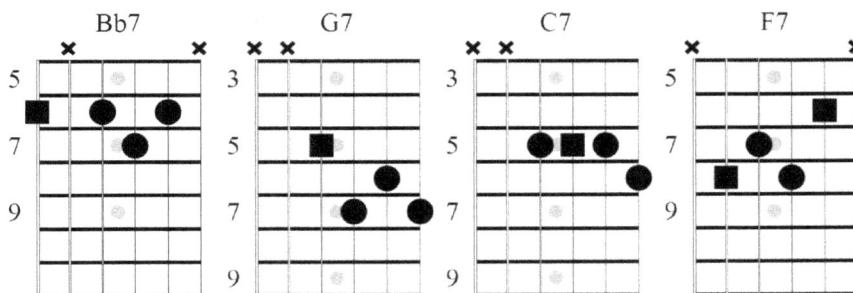

Esses são os arpejos que você precisará usar para solar nesses acordes em uma posição. Eles são todos arpejos dominante 7, mas estão em novos formatos para você aprender. Após esse capítulo, você terá dominado cada um dos cinco formatos de arpejos dominante 7 normalmente utilizados na guitarra. Isso irá melhorar bastante o seu domínio do braço.

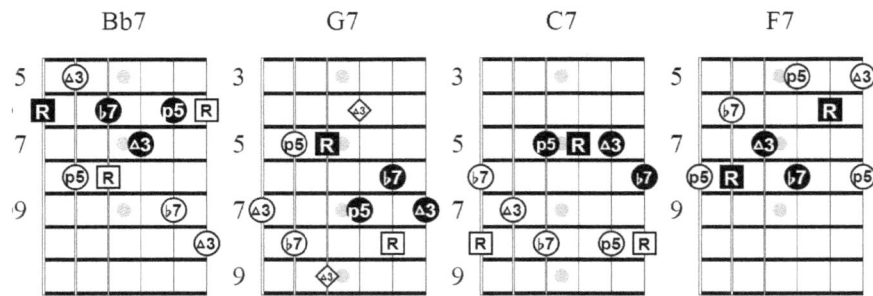

A 3ª de G7 (B) pode ser tocada em dois lugares (marcados com losangos). Escolha o mais fácil para você.

Como sempre, explore os caminhos entre esses arpejos em grupos pequenos de cordas

**Exemplo 3a:** (Duas cordas)

Explore cada grupo de duas cordas cuidadosamente antes de passar aos grupos de três cordas.

**Exemplo 3b:** (Três cordas)

**Exemplo 3c:** (Quatro cordas com variação rítmica)

Tente adicionar algumas notas de aproximação cromática para criar variações melódicas.

**Exemplo 3d:**

**Exemplo 3e:**

Depois de ter passado algum tempo explorando as possibilidades melódicas desses arpejos em grupos de duas, três e quatro cordas e adicionado o maior número de notas de passagem que você conseguiu encontrar, siga para os arpejos 3-9 de cada acorde.

**Arpejos Estendidos 3-9**

Os exemplos a seguir usam os formatos 3-9 em cada acorde, embora eu recomende que você pratique usando um arpejo 3-9 em um dos acordes e arpejos 1-7 nos três restantes. Por exemplo, toque no Bb7 o 3-9 e toque os outros três acordes com arpejos 1-7. Agindo dessa forma, você irá isolar o som do arpejo 3-9 sobre cada acorde e desenvolver seus ouvidos e feeling.

Eu também recomendo usar a princípio apenas os arpejos 3-9 nos acordes Bb7 e C7 porque os acordes G7 e F7 são normalmente tocados com 9ª alterada (# ou b) que nós abordaremos mais tarde.

Sempre comece praticando em grupos de duas cordas e aos poucos troque cada grupo ao longo da guitarra antes de utilizar grupos de arpejos com três e quatro cordas. Pode parecer mais trabalhoso, mas você aprenderá atalhos e gastará menos tempo no total.

Os exemplos a seguir irão soar estranhos quando tocados fora do contexto até que seus ouvidos aprendam a ouvir a harmonia sem faixas de fundo. Aprenda esses três exemplos bem devagar com a Faixa de Fundo Três para que você possa ouvir cada extensão de 9ª.

Você pode não absorver cada som que ouvir imediatamente, portanto pratique por algum tempo. Se em algumas semanas você ainda não gostar de determinada extensão sobre determinado acorde, lembre-se que há diversas outras possibilidades!

**Exemplo 3f:** (Duas cordas)

**Exemplo 3g:** (Três cordas)

**Exemplo 3h:** (Quatro cordas)

Explore esses conceitos cuidadosamente em grupos pequenos de cordas. Por fim, você poderá descartar as ideias que não gostar. Não se esqueça de adicionar notas de aproximação para focalizar cada mudança de acorde.

## Substituições 7b9

Como mencionado acima, a substituição 3-b9 diminuta é uma escolha mais comum nos acordes de F7 e G7.

Um acorde dominante é aquele que se resolve em um acorde que está no intervalo de 5ª abaixo. Por exemplo, G7 para C7 é um movimento dominante, assim como C7 para F7 e F7 para Bb7. O movimento de Bb7 para G7 não é um movimento dominante porque esses dois acordes formam um intervalo de 6ª.

Com isso em mente, a maioria dos músicos não usam uma substituição 7b9 no Bb7 porque ele está movendo-se para o G7, mas é uma substituição bastante útil tanto nos acorde G7 quanto F7.

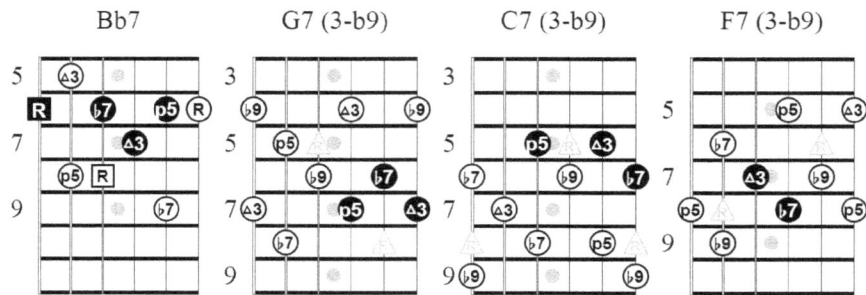

Como descobrimos, tocar o acorde dominante 7 é questão de gosto, mas isso nos permite usar a substituição 7b9 em um acorde ii que normalmente seria menor.

Mais uma vez, eu recomendo que você comece selecionando apenas uma substituição 7b9 para usar por vez. Tente começar usando apenas a substituição G7b9 e toque os arpejos 1-7 nos outros acordes. Há muitas trocas possíveis, por isso organize bem seus treinos.

No exemplo seguinte, combine arpejos 1-7, 3-9 e 3-b9, embora eu sugira que você comece substituindo apenas um acorde por vez.

**Exemplo 3i:**

**Exemplo 3j:**

**Exemplo 3k:**

Há muito a se aprender com esses arpejos. Esse processo pode te tomar algumas semanas, mas a internalização desses conceitos vale a pena. Variações I VI II V são normalmente sobrepostas em outras progressões de acordes mais estáticas e são uma ótima forma de conseguir um som diferente de uma harmonia simples.

O movimento de C7 para F7 é frequente no jazz, assim como o Bb7 para G7. Portanto, ao treinar bastante essas variações, você estará bem preparado para diversas situações. Não se esqueça de dar bastante espaço e de se lembrar que seu objetivo principal é tocar linhas *melódicas* bem desenvolvidas.

Você sempre deve separar parte do seu tempo de estudo para simplesmente *tocar guitarra e fazer música* usando esses conceitos. Esqueça os ritmos constantes e tente criar uma bela linha melódica que toque as notas corretas dos acordes.

Os exemplos melódicos a seguir podem te ajudar a começar.

**Exemplo 3l:**

**Exemplo 3m:**

## Outras Qualidades de Acordes em Progressões I VI II V

Todos os exemplos nesse capítulo foram baseados em uma sequência de acordes que têm *apenas* acordes em formato dominante 7. A verdade é que você geralmente verá uma combinação das ideias desse capítulo com as do capítulo dois.

Esta é provavelmente a maneira mais usual de se tocar essa progressão:

A tônica Maj7 e as 7ª dominantes dos acordes VI e V criam muitos movimentos de tons guias (voice leading) entre os arpejos.

Essa sequência deve ser a próxima etapa no seu estudo. Use todos os conceitos dos três capítulos anteriores nessa nova progressão.

Os arpejos para esse capítulo também podem ser tocados na seguinte posição na guitarra.

# Arpejos 1-7 e Acordes:

Bb7  G7  C7  F7

# Arpejos 3-9

Bb7 (3-9)  G7 (3-9)  C7 (3-9)  F7 (3-9)

# Arpejos 3-9

G7 (3-b9)  C7 (3-b9)

# Capítulo Quatro: I (ii V7 I) i

Essa progressão pode ser ouvida na Faixa de Fundo Quatro.

**Tonalidade:** Bb Maior movendo-se para Eb Maior (depois, possivelmente o Db Maior no compasso quatro).

A sequência de acordes mostrada nesse capítulo combina duas progressões essenciais em um único exercício. Os três primeiros compassos podem ser vistos como uma mudança de tonalidade (modulação) de Bb para Eb Maior ou simplesmente como um movimento do acorde I para o IV. Se você já tocou blues, você já sabe o quanto é importante a progressão de acorde I-IV. No Blues, entretanto, os acordes I e IV são normalmente tocados como acordes dominante 7. Essa sequência é estudada no capítulo sete.

Na progressão acima, os acordes I e IV (Bb e Eb) são tocados como acordes Maior 7 (da forma diatonicamente "correta" na tonalidade de Bb). Há, entretanto, uma modulação acontecendo no compasso dois que é mostrada por dois acordes fora da tonalidade.

Na tonalidade de Bb maior, nós esperaríamos que o acorde V (F) fosse tocado como como um dominante 7, mas aqui ele é tocado como um acorde m7. O acorde a seguir é Bb7 que se resolve em EbMaj7. Se você isolar os compassos dois e três, você pode ver que o acorde Fm7 é o acorde ii na tonalidade de Eb e o acorde Bb7 é o acorde V na tonalidade de Eb.

Os primeiros dois compassos dessa progressão têm dois acorde "Bb". O primeiro Bb é tocado como Maj7 e o segundo é tocado como um dominante 7. Ver dois acordes com a mesma tônica, mas qualidades diferentes é um sinal claro de que a música está mudando temporariamente de tonalidade. O acorde tônica (i) (BbMaj7) se torna o V7 (Bb7) na nova tonalidade Eb Maior.

Usar ambos os arpejos BbMaj7 e Bb7 pode ser um desafio para quem está improvisando, por isso a prática é importante. Esse tipo de modulação, onde o acorde tônica original se torna um acorde dominante "pivot" é bastante comum no jazz e pop. Ela aparece em:

- Satin Doll
- Cherokee
- Joy Spring
- Have You Met Miss Jones?
- There Will Never Be Another You

No compasso quatro, o novo acorde tônica (EbMaj7) se torna um Ebm7. Mais uma vez, esse tipo de movimento acontece frequentemente no jazz. Se essa sequência fosse continuar, o acorde de Ebm7 provavelmente se tornaria o novo acorde ii em um ii V I Maior na tonalidade de Db Maior (Ebm7 - Ab7 - DbMaj7).

Uma música fantástica para praticar esse tipo de mudança de Maior para menor é a faixa Solar, de Miles Davis. Esse movimento também acontece em músicas como:

- Moose the Mooche
- All of Me
- All the Things You Are
- There Will Never Be Another You

Os formatos dessa sequência podem ser tocados assim:

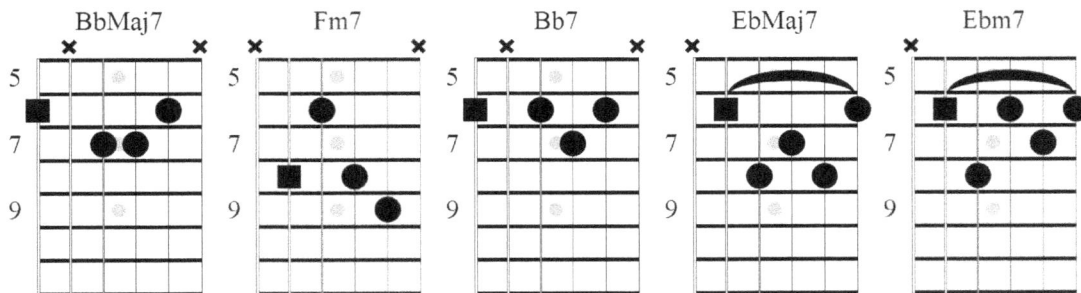

Os arpejos 1-7 para cada um desses acordes podem ser tocados assim:

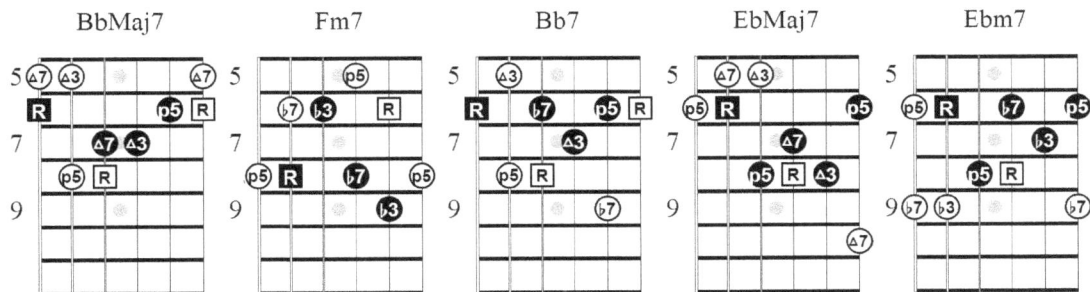

Outro desafio nessa progressão de acordes é que agora nós temos dois acordes em um mesmo compasso.

Normalmente, especialmente em tempos rápidos, os improvisadores simplesmente ignoram o acorde ii (Fm7) e focam no uso de escalas e arpejos que são baseados no acorde dominante (Bb7). Apesar disso, qualquer bom improvisador investe tempo praticando a articulação dos acordes ii e V no mesmo compasso, e se escolhem ignorar o acorde ii, é sempre uma escolha consciente.

Aprenda os arpejos usando o método do capítulo um e, assim que estiver pronto, repita-o para cada mudança em grupos de duas, três e quatro cordas. Se preferir isole o compasso dois e trabalhe nele separadamente por causa das mudanças rápidas.

**Exemplo 4a:** (Duas cordas)

O que você provavelmente ouvirá imediatamente é que usar o arpejo de Bb7 sobre o acorde Bb7 no compasso dois não realça o suficiente a mudança entre o BbMaj7 e o Bb7. Isso porque há apenas uma nota de diferença entre os acordes de Bb7 e BbMaj7.

O ideal nesse momento é refletir essa importante mudança de tonalidade em nosso solo. Portanto, minha sugestão é o uso imediato da substituição Bb7 3-b9 sobre o acorde de Bb7.

Os exemplos a seguir usam um arpejo de Ddim7 sobre cada acorde Bb7 para criar a tensão de um Bb7b9.

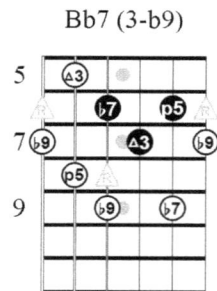

Bb7 (3-b9)

**Exemplo 4b:** (Três cordas)

**Exemplo 4c:** (Quatro cordas com colcheias)

Ao começar a dominar as variações, pratique a chegada aos tons guias do acorde usando notas de aproximação cromática.

**Exemplo 4d:**

**Exemplo 4e:**

## Arpejos Estendidos 3-9

Usar os arpejos 3-9 sobre essa progressão cria algumas oportunidades de *voice leading* interessantes.

Quando criamos um arpejo estendido 3-9, nós estamos construindo um *novo* arpejo a partir da 3ª do acorde original. Isso gera o efeito de omitir a tônica do acorde original e trocá-la com a 9ª.

Apesar dos exemplos a seguir combinarem livremente todos esses arpejos 3-9, eu aconselho que você comece usando apenas um arpejo 3-9 de cada vez durante seus treinos. Essas substituições surgem o tempo inteiro em solos de jazz e dominar apenas uma substituição te oferece uma gama enorme de oportunidades de solo.

Vá devagar, de forma cuidadosa e metódica. Comece trocando apenas um acorde pela extensão 3-9, e ao ganhar confiança, comece a usar duas ou mais substituições. Você irá rapidamente encontrar um mundo novo de oportunidades melódicas.

**Exemplo 4f:** (Semínima)

**Exemplo 4g:** (Inserindo colcheias)

**Exemplo 4h:** (Inserindo cromáticas)

Por fim, deixe algum espaço e pense mais sobre *quando* você quer usar as notas da sua melodia.

**Exemplo 4i:**

**Exemplo 4j:**

Há muitos exercícios extras no capítulo quinze que você pode usar para ajudá-lo a dominar todas as variações nesse livro.

Quando você ficar mais confiante nas mudanças de acordes nessa posição do braço, tente partir para uma nova área usando os diagramas a seguir:

# Capítulo Cinco: I (i V I)

| Imaj7 | iim7 (im7) | V7 | Imaj7 |
|---|---|---|---|
| B♭maj7 | B♭m7 | E♭7 | A♭maj7 |

Essa progressão pode ser ouvida na Faixa de Fundo Cinco.

**Tonalidade:** Os três compassos finais são em Ab Maior.

**Escala Matriz:** Compasso um: Bb Maior 7 compasso dois até quatro: AbMaj7.

Essa progressão tem muito em comum com a do capítulo anterior. Um acorde Maj7 (BbMaj7) se torna um acorde m7 (Bbm7), que passa a ser o primeiro acorde de uma progressão ii V I maior em uma nova tonalidade. No capítulo quatro, era o acorde IV que se tornava um acorde menor, nesse capítulo é o acorde I.

Esse tipo de movimento de acordes é extremamente comum no jazz e uma forma útil de modular para uma nova tonalidade.

O movimento Maior para menor acontece em muitas músicas de jazz, como:

- How High the Moon
- Tune Up
- Cherokee
- One Note Samba
- Solar

Como já estudamos os três últimos compassos dessa progressão no capítulo um (embora na tonalidade de Bb Maior), nós vamos aproveitar para inserir uma nota substituição alterada no acorde dominante (Eb7).

Comece usando os formatos de acordes a seguir para tocar essa progressão:

Os arpejos 1-7 a seguir podem ser usados para solar sobre a sequência de acordes nessa posição. Estude-os com afinco usando os métodos descritos no capítulo um. Como você já usou essas posições de acordes nos capítulos um e dois, elas já devem ser bem familiares.

Invista seu tempo aprendendo a mudança entre BbMaj7 e Bbm7.

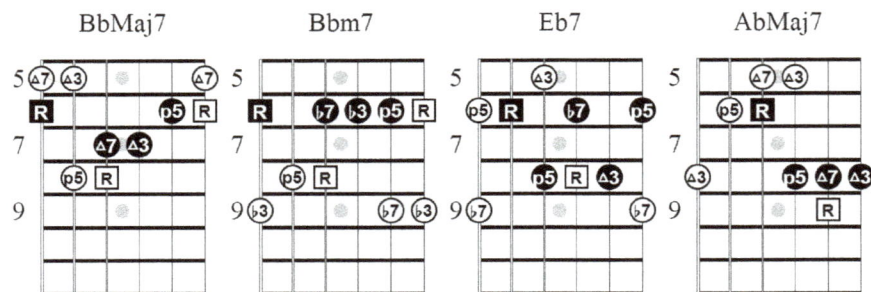

Comece aprendendo os movimentos de notas do acorde em pequenos grupos de cordas, mas como você já estudou essa posição antes – e já que o acorde Bbm7 é a única adição –, você pode achar mais fácil começar com um grupo maior de cordas.

Tente tocar esses exemplos sobre a Faixa de Fundo Cinco, assim que possível, para ouvir como eles funcionam.

**Exemplo 5a:** (Quatro cordas)

**Exemplo 5b:** (Quatro cordas com cromáticas)

**Exemplo 5c:** (Quatro cordas com cromáticas)

Para simplificar seu treino, tente encontrar a maior quantidade de caminhos para se mover entre o BbMaj7 e o Bbm7. Você pode trabalhar nesses acordes separadamente.

Depois, tente usar os arpejos 3-9 sobre essa sequência. Estes são os formatos de arpejos que você precisa.

BbMaj7 (3-9)    Bbm7 (b3-9)    Eb7 (3-b9)    Eb7 (3-9)    AbMaj7 (3-9)

Tenha cuidado. Tanto o BbMaj7 quanto o Bbm7 têm a mesma 9ª (C). Você pode querer usar o arpejo 3-9 em apenas um para inserir uma nota alvo adicional entre os acordes.

Eu recomendaria começar com um arpejo 1-7 no BbMaj7 e um arpejo b3-9 no Bbm7 porque de outro modo os três acordes teriam todos a nota Bb. Você pode usar o Eb7 (3-9) ou Eb7 (3-b9). Pessoalmente, eu começaria com o arpejo estendido 3-b9.

**Exemplo 5d:** (Quatro cordas)

**Exemplo 5e:** (Com colcheias)

**Exemplo 5f:** (Colcheias com notas de aproximação cromática)

Explore todas as combinações desses arpejos que puder.

## A substituição m7b5 Dominante

Como solar nessa progressão já é bastante familiar depois do capítulo um, é uma boa hora para introduzir uma nova substituição no acorde dominante.

Nós tocaremos um arpejo m7b5 (sétima menor com quinta bemol) no b7 do acorde dominante.

O acorde dominante nessa progressão é Eb7. O b7 de Eb é Db, portanto nós *tocaremos Dbm7b5 sobre Eb7*.

Esta tabela mostra os intervalos que são construídos tocando-se um arpejo m7b5 no b7 do acorde dominante.

| Acorde/Arpejo | | | | | | | |
|---|---|---|---|---|---|---|---|
| Eb7 | Eb | G | Bb | Db | | | |
| Dbm7b5 | | | | Db | Fb (E) | Ab (G) | Cb (B) |
| Intervalos tocados contra a tônica (Eb7) | 1 | 3 | 5 | b7 | b9 | 3 | #5 |

Quando nós tocamos um arpejo m7b5 no grau b7 do Eb7, os intervalos tocados contra a tônica (Eb) são b7, b9, 3, #5.

Revise o capítulo dois para refrescar sua memória da substituição dim7. Os intervalos tocados contra a tônica com aquela substituição seriam 3, 5, b7 e b9. Essa nova substituição m7b5 introduz apenas uma nova extensão para o acorde, o #5. Embora apenas uma nota seja diferente da substituição diminuta 7, a extensão #5 cria um clima bem diferente na sua melodia.

Para tocar o arpejo m7b5 no b7 do acorde Eb7 nessa posição, você pode usar os seguintes formatos:

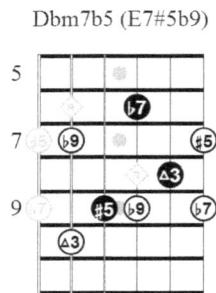

Dbm7b5 (E7#5b9)

Por enquanto, ignore as notas na corda do baixo e comece praticando na quinta corda. Você vai achar o arpejo mais fácil de tocar e dominar. Grave um *loop* seu tocando um acorde Eb7 e toque o arpejo substituto Dbm7b5.

Você ouvirá as tensões alteradas (o #5 e b9) sobressaírem e elas podem soar estranhas nesse contexto, mas elas funcionam muito bem quando são resolvidas corretamente. Isso é mostrado nos seguintes exemplos.

**Exemplo 5g:**

**Exemplo 5h:**

**Exemplo 5i:**

Inserir uma nova substituição pode levar bastante tempo e prática cuidados. Não se trata apenas de saber o formato do arpejo, você precisa aprender a *ouvir* o efeito das novas alterações do acorde e também aprender como controlar (resolver) esses acordes.

Lembre-se, não há pressa para progredir, simplesmente tente lentamente incorporar o novo som ao seu vocabulário.

Os exemplos a seguir combinam todos os elementos nesse capítulo em frases melódicas reais.

**Exemplo 5j:**

**Exemplo 5k:**

Tente usar essa progressão de acordes em uma nova posição do braço quando você estiver mais confiante.

# Capítulo Seis: I II7 iim7 V

Essa progressão pode ser ouvida na Faixa de Fundo Seis.

**Tonalidade:** Bb Maior com um acorde dominante II.

**Escala Matriz:** Bb Maior nos compassos três, quatro e um. Use o C Mixolídio no compasso dois.

A progressão desse capítulo surge de forma surpreendemente comum e tem um clima particular. Ela normalmente ocorre na música Latina, especialmente na obra de Antônio Carlos Jobim.

Essa sequência de acordes, quando vista a partir do compasso três em diante, forma um ii V I em Bb Maior, embora, no compasso dois, haja uma versão dominante do acorde iim7.

Essa sequência ocorre em muitas músicas, como:

- Take the 'A' Train
- Donna Lee
- Garota de Ipanema [The Girl from Ipanema]
- Desafinado
- Mood Indigo

Como 75% dessa progressão já é bastante familiar para você, esse capítulo será usado para introduzir um grupo específico de substituições de acordes interessantes em vez de usar a abordagem anterior.

Os acordes e arpejos 1-7 são mostrados abaixo e você deve dominá-los antes de tentar as novas substituições desse capítulo. Você já conhece o processo, então treine metodicamente esses passos ensinados nos cinco capítulos anteriores.

Os formatos dessa sequência podem ser tocados assim:

Os arpejos 1-7 para esses formatos de acordes são:

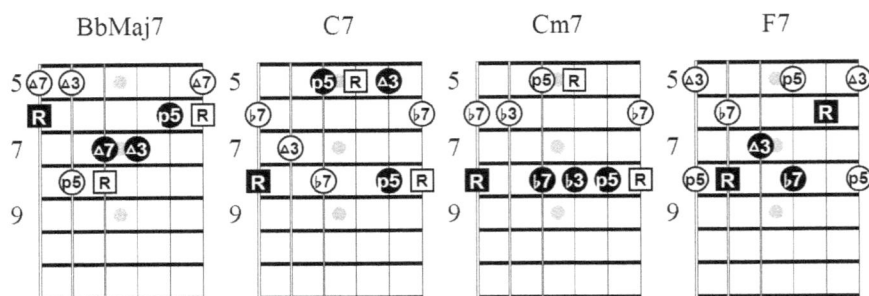

Memorize esses arpejos antes de aplicá-los a pequenos grupos de cordas sobre a faixa de fundo. Você pode focar na mudança de BbMaj7 para C7, já que esses são os sons novos.

Trabalhe com esses formatos até que você esteja tocando confortavelmente linhas em semínima sobre a Faixa de Fundo Seis e insira algumas colcheias e notas de passagem cromática.

Como a maior parte da progressão nesse capítulo você já conhece, você pode usar essa oportunidade para inserir uma nova sequência de arpejos estendidos que são normalmente tocados sobre uma sequência de acordes ii V I.

No resto desse capítulo, arpejos 3-9 serão usados para solar sobre cada acorde na progressão, exceto o acorde dominante (F7). No F7, nós usaremos a substituição "m7b5 no b7" do capítulo cinco.

Esses arpejos são:

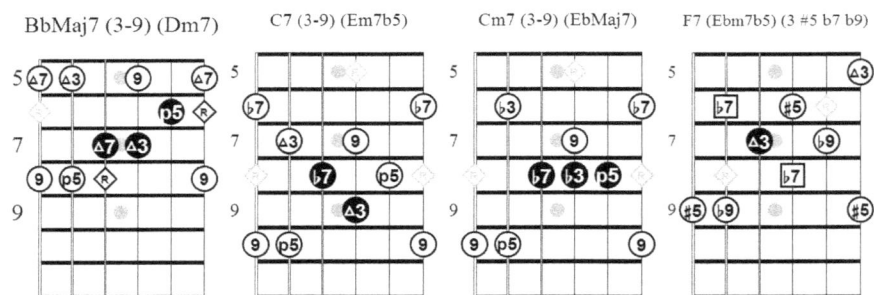

Quando criamos um arpejo estendido 3-9, nós estamos na verdade construindo um *novo* arpejo a partir da 3ª do acorde original. Por exemplo, no capítulo um, na página dezessete, eu mostro que o arpejo estendido 3-9 de BbMaj7 tem as notas de um arpejo de Dm7.

Eu adicionei os nomes dos novos arpejos substitutos entre parênteses em cada diagrama acima. Lembre-se que nós estamos tocando a "substituição b7 m7b5" no acorde F7. O b7 de F é Eb, portanto o arpejo usado é Ebm7b5.

Nos exemplos a seguir, nós vamos pensar apenas no arpejo substituto sendo tocado em cada acorde. John Coltrane costumava fazer isso e ele escrevia cada escolha de substituição sobre o diagrama de acorde original. Em outras palavras, ele não estava pensando nas progressões na música, ele estava pensando em um grupo diferente de arpejos que podem ser tocados em vez do original.

O diagrama a seguir mostra a sequência de acordes com todas as substituições escritas entre parênteses acima dos acordes.

Com isso em mente, agora vamos explorar as substituições de arpejos para essa sequência de acordes.

Os acordes originais são tocados sobre a faixa de fundo, mas nós tocaremos os arpejos substitutos entre parênteses.

**Exemplo 6a:**

**Exemplo 6b:**

**Exemplo 6c:**

Expanda e estude essas ideias o máximo possível.

Essas substituições ficam realmente interessantes quando são tocadas como *sequências* nas três cordas agudas. As linhas a seguir são típicas desse tipo de abordagem.

## Exemplo 6d:

## Exemplo 6e:

Não se esqueça de treinar para deixar espaço e construir melodias com cada conceito aprendido. Uma maneira simples de fazer isso é mostrada aqui.

## Exemplo 6f:

Essa sequência de substituições é extremamente importante e é normalmente usada por grandes improvisadores para se moverem nas progressões ii V I e I VI ii V.

Tenha certeza de que você entendeu bem o conceito de "tocar as substituições". A ideia é tocar os arpejos substitutos em vez das progressões originais. Claro, é essencial que você conheça quais progressões estão sendo tocadas, mas ao pensar nas substituições você pode executar ideias melódicas e tocar de forma confiante.

Use as substituições nesse capítulo em outras tonalidades. Outra boa progressão pra usar essa abordagem é a seguinte:

A substituição "m7b5 no b7" pode ser usada no acorde G7b9 com o mesmo formato de arpejo de Ebm7b5, mostrado nesse capítulo. Apenas mova o formato inteiro por um tom para alcançar o Fm7b5.

Veja um exemplo.

**Exemplo 6g:**

# Capítulo Sete: I7 IV7 V7 IV7

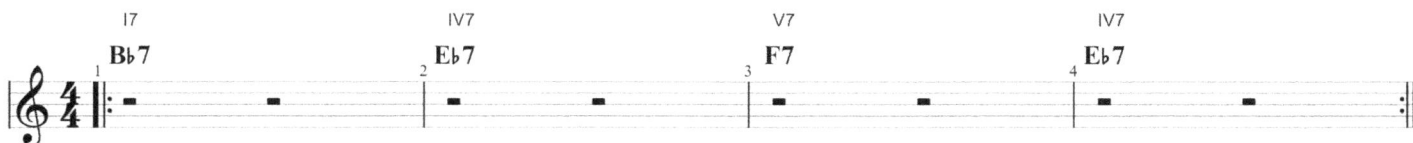

Essa progressão pode ser ouvida na Faixa de Fundo Sete.

Você pode pensar nessa sequência como um blues de 12 compassos "destilado". Esse capítulo estuda como ligar os arpejos nas notas mais fortes na progressão do blues.

**Tonalidade:** Baseada nos acordes I, IV e V de Bb Maior. Todos os acordes são transformados em formatos dominante 7.

**Escala Matriz:** A primeira escolha de abordagem por escala seria usar o Mixolídio sobre cada acorde, por exemplo, Bb mixolídio, Eb mixolídio e F mixolídio.

Músicas populares de jazz blues:

- Billie's Bounce

- C Jam Blues

- Au Privave

- Straight No Chaser

O blues de 12 compassos é uma das formas mais populares tocadas no jazz e, embora os músicos de jazz normalmente adicionem algumas variações complexas e alterações na forma básica, no fundo de todas essas progressão está a mesma sequência tradicional que você provavelmente já conhece bem:

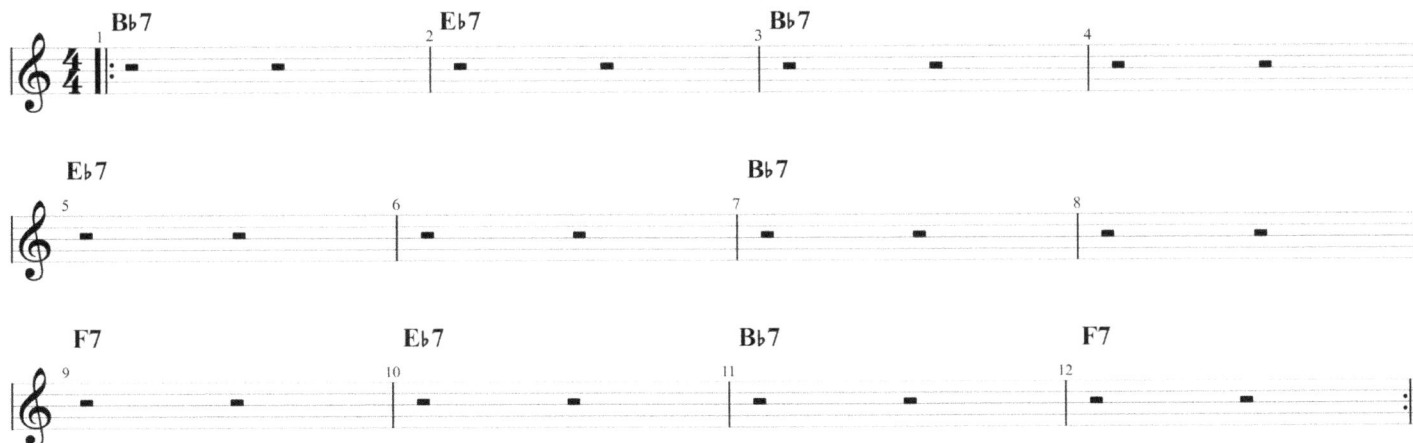

A alteração mais comum nessa progressão é a adição de um turnaround "I VI ii V" nos compassos finais. Embora haja muitas outras variações que serão estudadas nos capítulos finais. A progressão de *jazz* de 12 compassos completa costuma ser uma variação do seguinte:

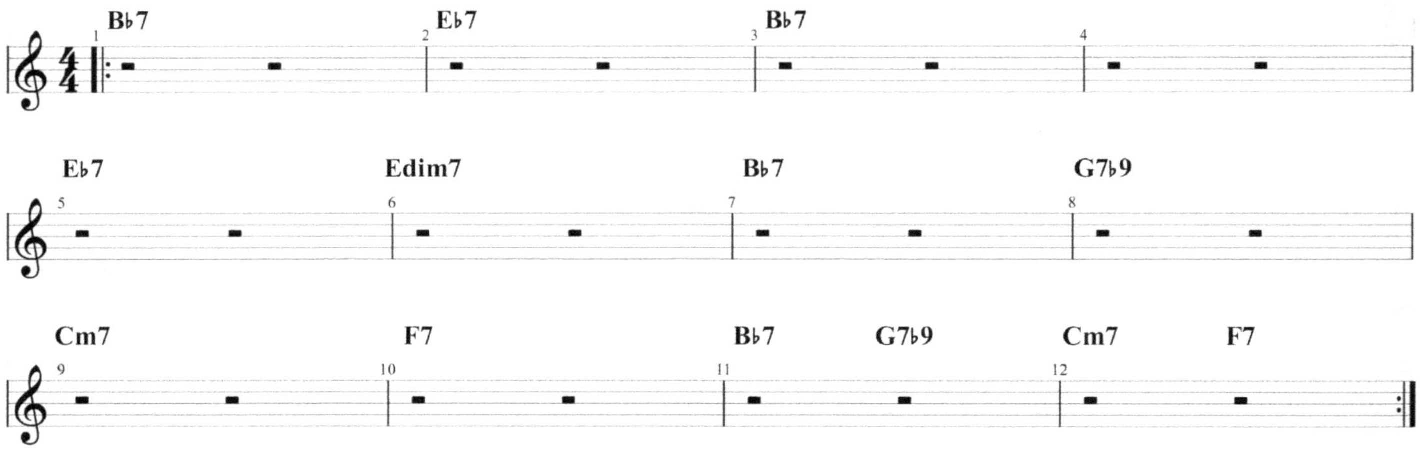

Bb7     Eb7     Bb7

Eb7     Edim7     Bb7     G7b9

Cm7     F7     Bb7   G7b9   Cm7   F7

Nesse capítulo, nós estudamos os três acordes que formam o "autêntico" blues de 12 compassos, já que esses acordes são as sementes de onde brotam todas as outras progressões.

Os formatos de acordes básicos podem ser tocados assim:

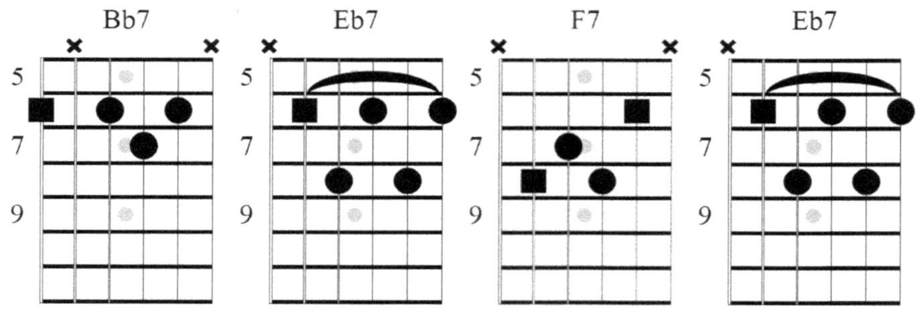

Bb7     Eb7     F7     Eb7

Esses são os arpejos que você precisará usar para solar nesses acordes em uma posição:

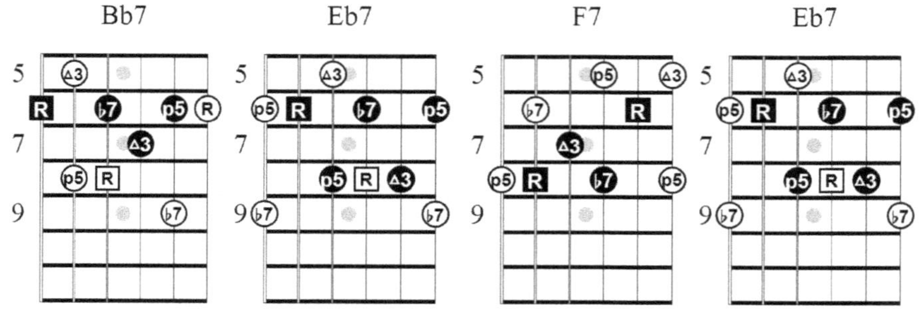

Bb7     Eb7     F7     Eb7

Comece aprendendo a ligar esses arpejos em pequenas áreas do braço. Aos poucos, pratique na guitarra usando grupos de duas, três e quatro cordas.

O arpejo de Eb7 é a única forma nova a aprender.

**Exemplo 7a:** (Três cordas)

**Exemplo 7b:** (Quatro cordas)

**Exemplo 7c:** (Quatro cordas com variação rítmica)

Depois, foque nos tons guias dos acordes no tempo usando notas de aproximação cromática e notas da escala.

**Exemplo 7d:**

**Exemplo 7e:**

# Arpejos 3-9

Como você já estudou os arpejos 3-9 tanto para o B7 quanto para o F7 nessa posição, aplicar esses arpejos aqui deve ser relativamente simples. A maior parte desse assunto foi abordada, portanto em vez de dar exemplos dos arpejos 3-9, eu vou deixar você explorar por conta própria. Esse tipo de prática individual é muito benéfica. Para referência, os formatos de arpejos que você precisa são:

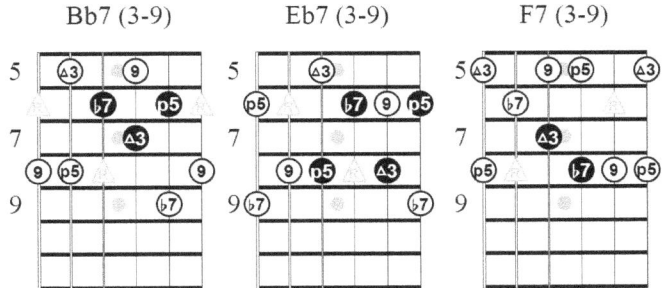

## Substituições 7b9

No movimento de Bb7 para Eb7, o acorde Bb7 está atuando como um acorde dominante do Eb7 e forma uma relação funcional V-I.

Pode parecer estranho usar uma substituição 7b9 por todo o compasso do Bb7 – já que ele é a tônica da progressão –, mas usando-o por um período curto em direção ao *fim* do compasso de Bb7, nós podemos criar uma tensão interessante que se resolve lindamente no Eb7.

Como sempre, há muitas outras substituições que podem ser usadas nesse ponto, mas a substituição 7b9 diminuta é uma forma fácil de inserir tensão e requinte melódico. A substituição B7b9 (arpejo Ddim7) pode ser tocada assim:

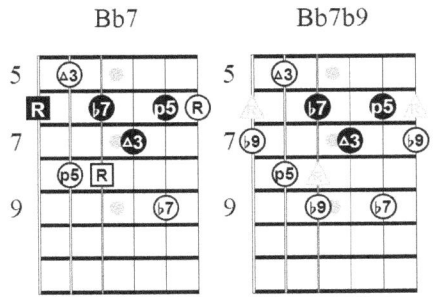

As linhas a seguir usam colcheias no Bb7 e mostram o uso de uma substituição dim7 no fim do compasso.

**Exemplo 7f:**

**Exemplo 7g:**

Apenas uma nota muda entre o arpejo de Bb7 e o de D diminuta 7, mas aquela tensão extra gera bastante riqueza no som.

Substituições dominantes são normalmente aplicadas no *compasso quatro* de um jazz blues antes do acorde I ir para o acorde IV. Tendo um compasso inteiro para tocar, você pode ser bastante criativo com as substituições. Para mais ideias, veja no capítulo doze as ideias sobre trítono.

Os exemplos a seguir têm muitas ideias de arpejos como 1-7, 3-9 e 3-b9. Eles também usam notas de aproximação cromática para focar as notas de mudança entre arpejos.

**Exemplo 7h:**

**Exemplo 7i:**

Teste as ideias desse capítulo na seguinte posição do braço:

Para maiores informações e aulas detalhadas sobre progressões de jazz blues, veja o meu livro **Jazz Blues Soloing for Guitar**.

# Capítulo Oito: ii V I Menor

Essa progressão pode ser ouvida na Faixa de Fundo Oito.

**Tonalidade:** Bb menor (normalmente vista como Harmônica menor, mas pode ser enxergada como Melódica menor)

**Escala Matriz:** Bb Harmônica menor, mas é normal tocar o Lócrio ou Lócrio Nat 9 no iim7b5.

A progressão menor ii V i é extremamente usual e acontece em muitas músicas. Ela funciona como um "ponto final" musical, assim como o ii V I Maior.

A teoria relacionada a construção do ii V I menor é um pouco mais complexa que a do relativo Maior, por isso nós só focaremos nos acordes na prática, por enquanto, em vez das origens.

Para informações e estudo mais aprofundado do ii V i menor veja o meu livro **Minor ii V Mastery for Guitar.**

Músicas que usam a sequência ii V i:

- Alone Together
- Summertime
- Softly, as in a Morning Sunrise
- Beautiful Love
- Autumn Leaves

Aprenda algumas dessas músicas para sentir o clima da sequência menor ii V i.

O ii V i menor introduz o acorde m7b5. Os intervalos dele são 1, b3, 5 e b7. E isso é certamente espelhado pelo arpejo. Na progressão acima, eu mostrei o acorde dominante como um formato (*voicing*) 7b9. Apesar disso, há muitas outras alterações cromáticas desse acorde.

Os acordes para a progressão ii V I podem ser tocados da seguinte forma na tonalidade de Bb menor:

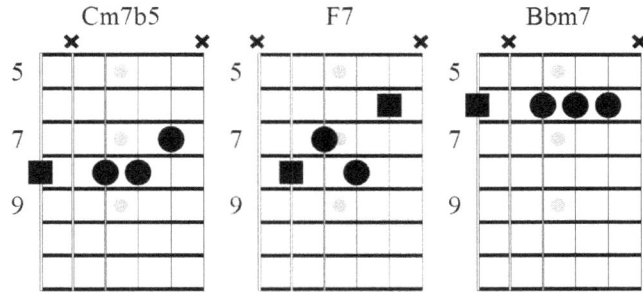

Não é incomum ver o acorde tônica (Bbm7) tocado como um acorde BbmMaj7. Nós vamos falar disso mais tarde, neste capítulo. Os formatos de acordes básicos podem ser tocados assim:

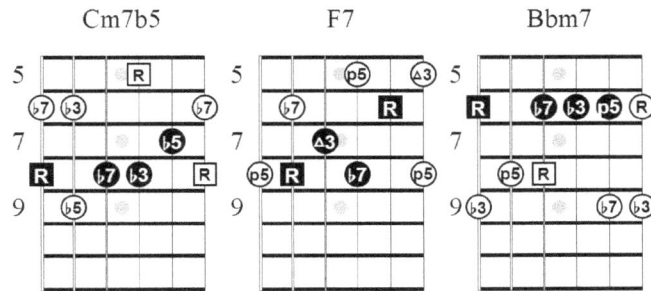

Aprenda os novos arpejos seguindo os passos detalhados no capítulo anterior.

Uma coisa importante para perceber nessa sequência de arpejos é que apenas duas notas mudam entre Cm7b5 e F7. O b5 do Cm7b5 cai na tônica de F7 e o b7 de Cm7b5 cai na 3ª de F7.

Você deve estar ciente de que se uma substituição 7b9 é usada no acorde F7, então apenas uma nota muda entre o arpejo Cm7b5 e F7b9. Musicalmente, isso não é bom nem mau, mas como esse livro foca em mudanças de notas entre acordes, essa não é a substituição mais útil.

Como sempre, comece usando um grupo de duas cordas para treinar as mudanças, e aos poucos se mova para grupos de duas cordas através do braço e depois grupos de três e quatro cordas. Um pouco de paciência te ajudará a ficar fluente rapidamente.

Tente exaurir cada possibilidade antes de partir para o próximo grupo de cordas ou adicionar uma corda extra.

**Exemplo 8a:** (Grupo de duas cordas)

**Exemplo 8b:** (Grupo de três cordas)

**Exemplo 8c:** (Insira colcheias no compasso quatro)

Volte aos capítulos anteriores para mais ideias de como inserir novos ritmos.

Depois, adicione alguns padrões de notas de aproximação cromática.

**Exemplo 8d:** (Grupo de duas cordas)

**Exemplo 8e:** (Grupo de três cordas)

## Extensões e Substituições

Há muitas boas substituições e abordagens que podem ser usadas ao solar sobre progressões menores ii V i. Eu só abordei uma pequena parte aqui, mas para ter maiores informações, veja o meu livro "**Minor ii V Mastery for Jazz Guitar**" que aborda com profundidade essa importante progressão do jazz.

A primeira etapa é examinar os arpejos estendidos 3-9 sobre cada acorde. Como há algumas ambiguidades em relação a construção da progressão ii V menor, eu vou tratar o acorde ii (Cm7b5) como se fosse derivado do 7º grau da escala maior.

Para aprofundar essa teoria, por favor, veja **Minor ii V Mastery for Jazz Guitar.**

Aqui estão os arpejos 3-9 para os acordes Cm7b5 e Bbm7. Por enquanto, use a substituição 3-b9 diminuta no F7.

Foque no arpejo estendido b3-b9 de Cm7b5. Você percebe que as notas formam um novo arpejo de Ebm7? Eu realcei a nova tônica com um losango.

Agora, veja o arpejo b3-9 de Bm7. Você consegue ver que o novo arpejo formado é um DbMaj7? Mais uma vez, a nova tônica está realçada com um losango.

Saber que um arpejo 3-9 estendido sempre formará um novo arpejo 1-7 a partir da 3ª do acorde original é bastante útil porque qualquer lick que nós já sabemos ao redor do novo arpejo pode ser usado sobre o acorde original.

## Teorias Importantes sobre o Acorde Diminuta 7

Em cada um dos capítulos anteriores, nós usamos uma substituição diminuta 7 na 3ª do acorde dominante (F7) para criar um som alterado 3-b9.

Uma coisa importante para se saber sobre acordes diminuta é que eles são *simétricos*. Na música, um acorde simétrico ou arpejo é aquele onde *cada nota está igualmente distante uma da outra*. Em um acorde diminuta, cada nota está a distância de uma 3ª menor (um tom e meio) da próxima.

Isso pode ser facilmente visto quando você toca as notas de Adim7 ao longo de uma corda:

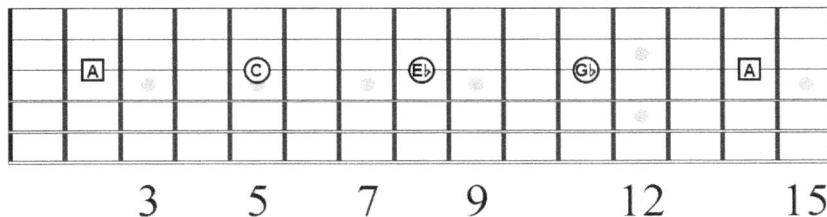

Como todas as notas estão a mesma distância uma das outras, *qualquer* nota pode ser vista como a tônica do acorde. Por exemplo, o acorde de Adim7 é o mesmo que Cdim7, Ebdim7 e Gbdim7.

Porque o arpejo de Adim7 é idêntico ao arpejo de Ebdim7, você pode solar sobre os primeiros dois acordes dessa progressão *pensando* no Ebm7 para Ebdim7. (Lembre-se, Ebm7 é o arpejo estendido de 3-9 de Cm7b5.) Por exemplo:

**Exemplo 8f:**

Usar substituições dessa maneira não só nos permite introduzir novas notas do acorde e extensões em nosso repertório, elas também podem ajudar a simplificar nossa forma de pensar sobre mudanças de acordes complexas.

Você sabe como explorar esses arpejos por enquanto, portanto use a Faixa de Fundo Oito para explorar esses arpejos sobre o ii V i menor no Bb.

Comece usando a posição tônica do arpejo 1-b7 no acorde de Bbm7 e insira o arpejo b3-9 depois que você estiver familiarizado com os arpejos estendidos nos acordes ii e V. Lembre-se de aos poucos inserir notas de aproximação cromática e em deixar espaço para a criação de melodias.

Outra substituição de arpejo importante para aprender (quando você estiver pronto) é usar um *arpejo Maior 7 no b5 do acorde m7b5*.

Sobre o acorde de Cm7b5, você poderia tocar um arpejo de GbMaj7 criando os intervalos b5, b7, b9 e 11 sobre o acorde Cm7b5:

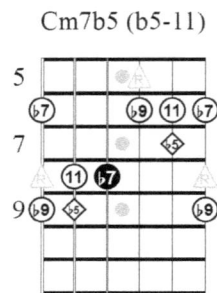

Cm7b5 (b5-11)

Esse é um excelente som quando usado em conjunto com ideias diminutas do capítulo anterior. Leia a página anterior novamente para se lembrar que Adim7 é o mesmo que Gbdim7.

Isso é realmente útil porque nós agora temos outra forma simples de *pensar* um caminho sobre as mudanças:

Sobre a mudança de acordes de Cm7b5 para F7, nós podemos *pensar em* GbMaj7 para Gbdim7. Isso é mostrado no exemplo a seguir.

**Exemplo 8g:**

No exemplo 5f, nós pensamos através dos arpejos de Eb sobre os primeiros dois acordes da sequência e, no exemplo 5g, nós pensamos através dos arpejos de Gb sobre os primeiros dois acordes. Esse tipo de simplificação pode facilitar os solos sobre sequências complexas e ajudar-nos a criar melodias fortes em vez de "correr atrás das progressões".

Uma última sugestão ligada ao exemplo 5g é tocar um arpejo de Fm7 sobre o acorde Bbm7. Se estivermos pensando através dos arpejos de Gb nos acordes ii e V, não é tão difícil simplesmente descer um semitom para Fm7 (a 5ª do Bbm7) e tocar um arpejo m7 no acorde i.

Tocar um arpejo de Fm7 sobre Bbm7 foca os intervalos 5, b7, 9 e 11.

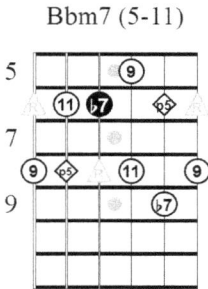

Bbm7 (5-11)

Os exemplos a seguir usam a sequência de acordes GbMaj7 - Gbdim7 - Fm7 sobre a sequência menor ii V i.

**Exemplo 8h:**

Há muitas substituições possíveis para explorar, mas elas devem ser estudadas com base nos fundamentos dos arpejos 1-7.

Quando você estiver mais confiante nos arpejos, você pode tentar usar uma abordagem por escalas para tocar nessa sequência. A escala de Bb menor Harmônica funciona muito bem durante toda a progressão e a Pentatônica de Bb Menor (Blues) funciona muito bem no acorde Bbm7.

Bb Harmonic Minor

Bb Pentatonic (Blues)

5    5

7    7

9    9

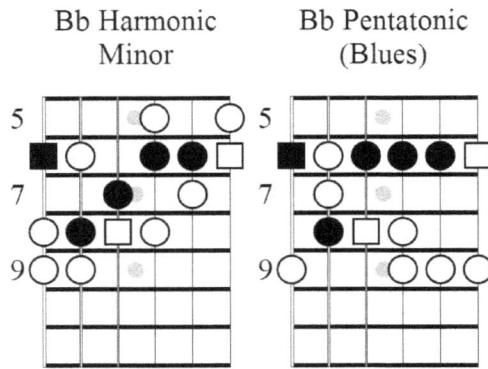

Quando estiver aprendendo a solar sobre progressões de acordes no jazz, sempre trabalhe na articulação dos arpejos antes de usar uma abordagem por escalas.

Arpejos e notas de aproximação cromática formam a linguagem do jazz (especialmente do bebop). As escalas são uma forma de preencher os espaços entre as notas alvo do arpejo.

**Exemplo 8i:**

(Bb Harmonic Minor)                                                                 (Bb Blues)

Cm7b5                          F7                          Bbm7

```
        1                              2                              3                              4
                    5  6  9    8  6  5                                                    6
          5  6  8  6  7            7  6                        6     5     6  8  9      6  8  9  8  6
                                        8  6  5            8     7  8                              8  6
```

**Exemplo 8j:**

(Bb Harmonic Minor)                                             (Bb Blues)

Cm7b5                          F7                          Bbm7

```
        1                              2                              3                    4
                                                                          6        6
                                    5        5  6  8      8  9      6
                        7  8          8  7  8                              8
          9  8  6  8  9
```

Quando você estiver familiarizado com o ii V i menor nessa posição, comece a explorar as seguintes áreas da guitarra:

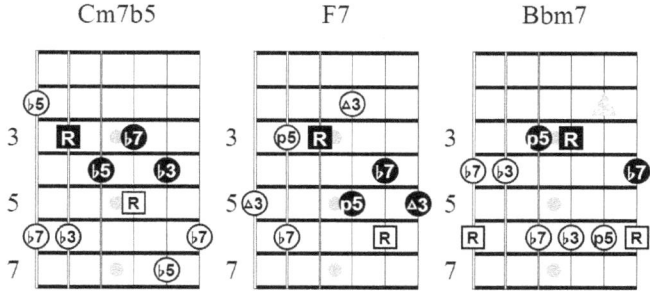

# Capítulo Nove: O Blues Menor

Essa progressão pode ser ouvida na Faixa de Fundo Nove.

**Tonalidade:** C menor.

**Escala Matriz:** A escala de C Menor Harmônica pode ser usada ao longo de toda a progressão, mas o C Eólico é uma escolha mais usual. A pentatônica de C menor também é usada.

O blues menor é uma das progressões mais tocada no jazz e é um pedido recorrente em performances. Normalmente tocado em tempos rápidos, essa progressão de blues de compassos menor difere do jazz blues "padrão" por causa de sua tonalidade menor e da relativa simplicidade harmônica. Um blues menor normalmente é assim:

Como você pode notar, há grandes períodos de acordes estáticos e a maior parte do requinte harmônico é gerado no compasso nove pelo Ab7 não-diatônico. Em uma escala menor Harmônica harmonizada, o acorde bVI naturalmente forma um acorde Maj7. Há apenas uma nota de diferença entre o Ab7 *escrito* e o AbMaj7 diatonicamente correto. Por isso, a maioria dos improvisadores ignorarão esse conflito, especialmente em tempos rápidos.

Músicas de jazz que usam a estrutura de blues menor:

- Mr PC

- Equinox

- Blue Train

- Israel

Todas as músicas acima são variações do blues de 12 compassos menor básico, embora elas tenham variações diferentes e substituições.

Os acordes de uma progressão de blues menor "básica" podem ser tocados assim:

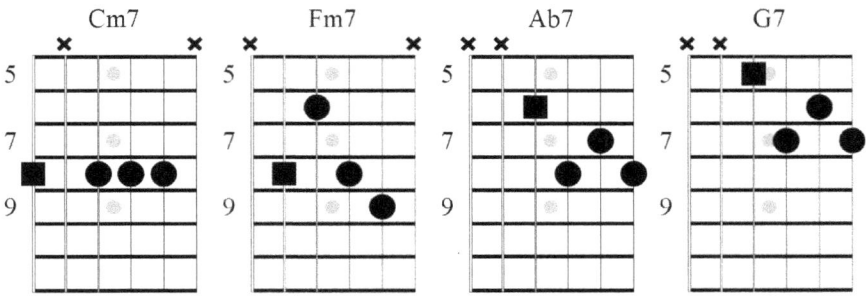

Apesar do acorde tônica ser um Cm7 (normalmente escrito como um Cm no diagrama de acordes do blues menor), há duas boas escolhas de arpejos para usar sobre C menor. Como essa progressão é derivada da escala Harmônica de C menor, um arpejo de CmMaj7 é uma boa escolha para o acorde de Cm7.

Um arpejo de mMaj7 tem a fórmula 1 b3 5 7. É uma *tríade* menor com uma 7ª natural (ou maior) adicionada e tem apenas uma nota diferente do arpejo m7 normal, que nós usamos até o momento.

Eu sugiro que você comece aprendendo a solar sobre as progressões usando o arpejo m7 abaixo e, quando estiver mais fluente, insira o arpejo mMaj7.

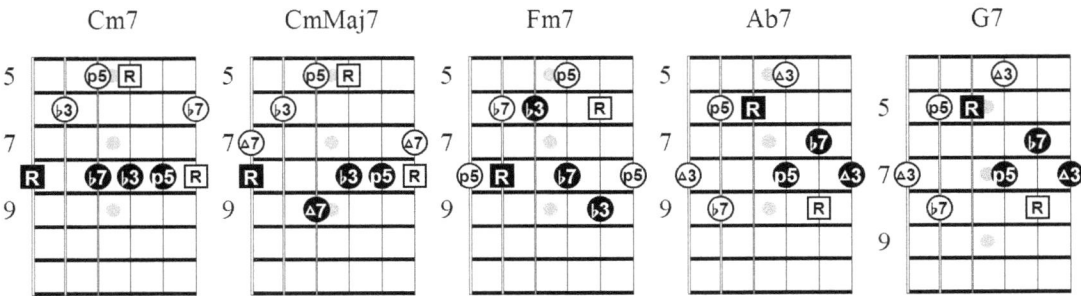

É importante mencionar que nesse blues menor também soa bem tocar um arpejo Ab7 em *ambos* os acordes Ab7 e G7. Em vez do solista ser forçado a seguir os acordes, nós podemos tocar um arpejo por dois compassos e deixar a harmonia aumentar a tensão na linha do solo.

Comece usando arpejos 1-7 sobre pequenas áreas do braço antes de inserir notas de aproximação cromática nas mudanças de acordes e colcheias.

Lembre-se, os exemplos a seguir são apenas a ponta do iceberg para que você conheça o processo. O melhor jeito de usar esse livro é esgotar cada possibilidade.

Aprenda as melodias de algumas músicas mostradas acima e coloque esses exercícios em seus solos (Mr Pc é uma boa música para começar)

**Exemplo 9a:** (Grupo de duas cordas)

**Exemplo 9b:** (Grupo de três notas)

**Exemplo 9c:** (Grupo de quatro cordas com notas de aproximação cromática)

Quando você se sentir fluente nesses arpejos, tente deixar a melodia respirar um pouco e deixe espaços entre as frases.

Um bom exercício é começar uma linha na metade do compasso e tocar uma melodia sobre a mudança de acordes. Eis algumas ideias para começar.

**Exemplo 9d:**

Depois, é hora de inserir arpejos estendidos 3-9 em cada acorde. Eles podem ser tocados da seguinte forma:

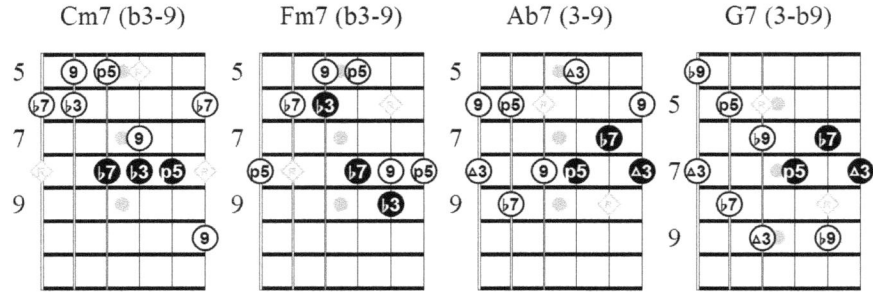

Perceba que eu usei o arpejo 3-9 no acorde de Ab7 e o arpejo 3-b9 no acorde de G7. Isso porque a nota b9 do G7 é Ab e você já ouviu essa nota como a tônica do acorde Ab7 no compasso anterior.

Assim que você tiver aprendido esses arpejos, aplique-os em grupos reduzidos de cordas e encontre formas de se mover cromaticamente entre as mudanças de acordes.

**Exemplo 9e:** (Três cordas)

**Exemplo 9f:** (Quatro cordas com notas de aproximação)

**Exemplo 9g:** (Combinando os arpejos 1-7 e 3-9)

Por fim, use uma abordagem mais melódica e pense em linhas espaçadas e fluidas. Quando você estiver usando essas ideias em um blues menor de 12 compassos, você pode ligar todas elas com a escala blues de C menor.

**Exemplo 9h:**

# Capítulo Dez: I biiDim7 ii biiiDim7

| Imaj7 | biiDim7 | iim7 | biiiDim7 |
|---|---|---|---|
| **B♭maj7** | **Bdim7** | **Cm7** | **C♯dim7** |

Essa progressão pode ser ouvida na Faixa de Fundo Dez.

**Tonalidade:** Bb Maior.

Quando uma série de substituições se torna realmente uma sequência de acordes? Essa é a pergunta que eu tive de me fazer antes de incluir a progressão acima nesse livro. Os primeiros três compassos da sequência funcionam como uma substituição para a progressão I VI ii que foi vista nos capítulos dois e três.

O acorde Bdim7 no compasso dois está funcionando como uma substituição do acorde G7b9. Lembre-se que nós podemos criar um acorde diminuto na 3ª de um acorde dominante (por exemplo, Bdim7 em um acorde G7) para insinuar uma tensão 7b9.

Com isso em mente, os primeiros três acordes nessa sequência podem ser vistos como BbMaj7 – G7b9 – Cm7, uma progressão que eu recomendo que você estude na página 36. Há uma variação no compasso quatro, entretanto, nós normalmente esperaríamos ver um acorde de F7 ou substituição levando de volta ao acorde tônica BbMaj7.

Entretanto, o acorde C#dim7 no compasso quatro *não* insinua o F7b9 como você poderia esperar. C# é a 3ª de A7, não F7, portanto o C#dim7 no compasso quatro é um substituto do A7b9.

A7b9 é o acorde dominante de D, portanto o compasso quatro sugere fortemente que o acorde seguinte seja provavelmente um Dm7. Nós já sabemos que o Dm7 é uma substituição comum do acorde de BbMaj7 porque Dm7 é o arpejo criado quando formamos o arpejo 3-9 de BbMaj7.

Outra forma de enxergar é simplesmente olhar as notas do baixo de cada acorde. Eles formam a sequência ascendente cromaticamente Bb, B, C, C#... O próximo acorde está quase implorando para ser um Dm7.

Esse tipo de substituição é usual e oferece uma ótima forma de colorir a sequência bastante tocada do I VI ii V. Ao adicionar um A7b9 no compasso quatro e resolver no Dm7 (BbMaj9), a harmonia respira uma vida nova nessa sequência.

Os formatos de acordes dessa sequência podem ser tocados assim:

Os arpejos desses acordes podem ser tocados assim:

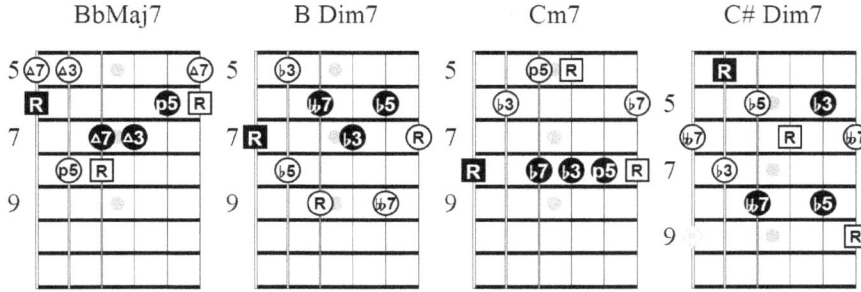

BbMaj7   B Dim7   Cm7   C# Dim7

Apesar do C# estar um tom acima do B, perceba que você pode *descer* o arpejo de Bdim7 um semitom para tocar um arpejo de C#dim7 (Bbdim7 e C#dim7 têm as mesmas notas).

Na verdade, quando eu estou tocando o arpejo C#dim7, eu estou de fato *pensando* no Bbdim7 porque ele tem a mesma tônica do acorde (BbMaj7) e portanto é mais fácil de ver e lembrar.

Como sempre, comece aprendendo os arpejos acima e depois treine em grupos pequenos de cordas para dominar as mudanças.

**Exemplo 10a:** (Cordas graves)

Bbmaj7   Bdim7   Cm7   C#dim7

Bbmaj7   Bdim7   Cm7   C#dim7

**Exemplo 10b:** (Cordas agudas)

**Exemplo 10c:** (Ideias cromáticas e colcheias)

**Exemplo 10d:** (Aproximação melódica)

**Exemplo 10e:**

Quando estiver procurando por substituições de arpejos para tocar sobre essas mudanças, é importante ter em mente a função de cada acorde, particularmente o C#dim7 no compasso quatro.

Lembre-se, o C#dim7 é realmente um substituto para o A7, portanto qualquer arpejo de substituição que você possa usar sobre A7 irá funcionar.

Isso significa que não estamos limitados a tocar apenas o arpejo de C#dim7 (A7b9). Em vez disso, vamos usar a substituição do *m7b5 no b7* para esse acorde. O b7 de A é G, por isso vamos tocar um arpejo Gm7b5 sobre. O C#dim7 no compasso quatro

Para o compasso um de BbMaj7, vale a pena manter esse como um simples arpejo 1-7 porque é provável que o acorde no quinto compasso dessa progressão seja Dm7.

Lembre-se que o arpejo estendido 3-9 de BbMaj7 forma um arpejo de Dm7, portanto ao tocá-lo no compasso um nós perdemos uma oportunidade de desenvolver a harmonia mais tarde no compasso cinco. Claro, isso é bastante subjetivo e não há nada errado em tocar Dm7 sobre BbMaj7 no compasso um.

Para simplificar, nós vamos deixar o arpejo de Bdim7 como está e inserir o arpejo b3-9 no Cm7.

A nova sequência do arpejo vira:

Movendo-se para:

Use os exemplos a seguir como um ponto de partida para seus estudos.

**Exemplo 10f:**

**Exemplo 10g:**

**Exemplo 10h:**

Lembre-se de trabalhar em grupos pequenos de cordas sempre que inserir um novo arpejo ou substituição.

Ao se familiarizar, tente expandir esses conceitos para as demais áreas do braço.

# Capítulo Onze: ii V descendente

Essa progressão pode ser ouvida na Faixa de Fundo Onze.

**Tonalidade:** Bb Maior.

**Escala Matriz:** Nenhuma, mas "pensar" no Mixolídio dos acordes dominantes em cada compasso é uma boa escolha para os tempos rápidos.

A sequência de acordes nesse capítulo é uma das mais complexas do jazz. Uma série de sequências ii V cromaticamente descendentes são tocadas desde o acorde iii do eventual ponto de resolução de Bb Maior.

Note que esse tipo de sequência de acordes descendentes pode começar em qualquer ponto da música, e não necessariamente se resolver na tônica. Por exemplo, o compasso quatro da progressão acima poderia facilmente ser Bm7, Fm7 ou mesmo Gbm7.

Esse tipo de sequência descendente é uma grande característica do estilo de blues "Charlie Parker" e pode ser ouvida nas músicas.

- Blues for Alice

- Four on Six

- Satin Doll

- West Coast Blues

Embora seja possível solar sobre essa progressão de acordes em uma posição da guitarra, é muito mais prático "seguir" os acordes pelo braço e usar os ritmos e cromatismos para gerar riqueza melódica.

Só porque estamos usando formatos descendentes na guitarra, isso não significa que a melodia precisa ser descendente também. Como a sequência de acordes é relativamente cheia, tocar melodias ascendentes esparsas sobre as variações embeleza a melodia.

Os formatos de acorde para aprender nessa sequência são os seguintes:

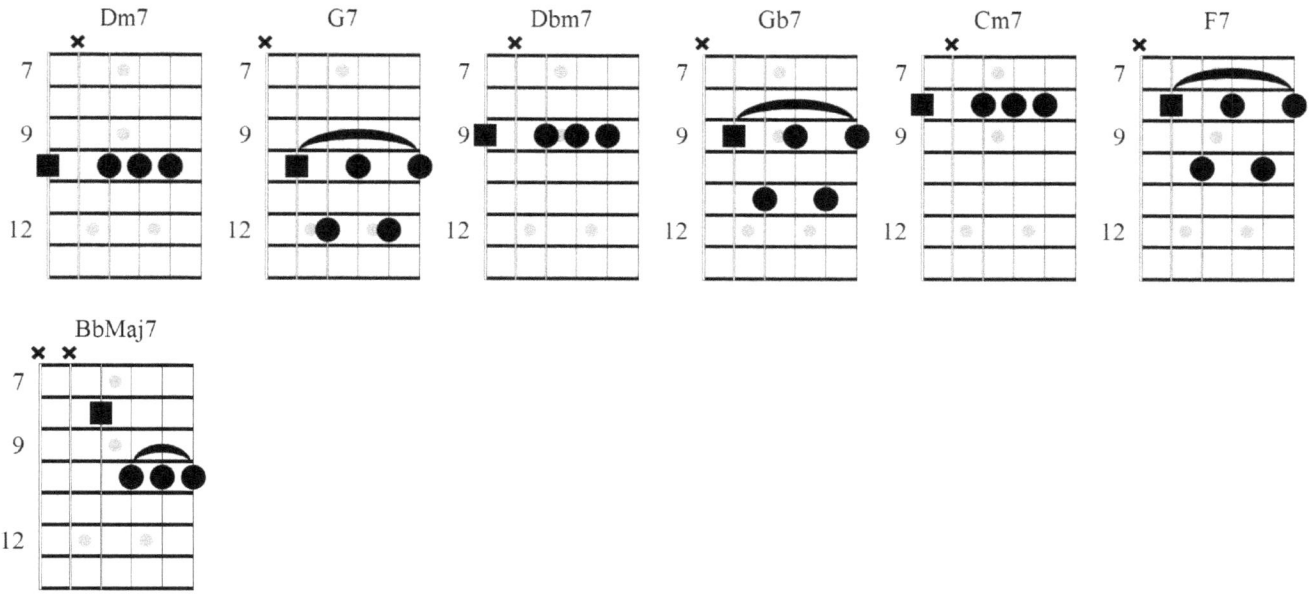

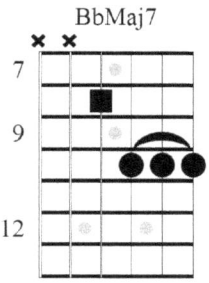

Dm7    G7    Dbm7    Gb7    Cm7    F7

BbMaj7

Como você pode ver, nós estamos usando os mesmos pares de acordes descendentemente no braço em cada compasso.

Os arpejos para esses formatos de acordes são:

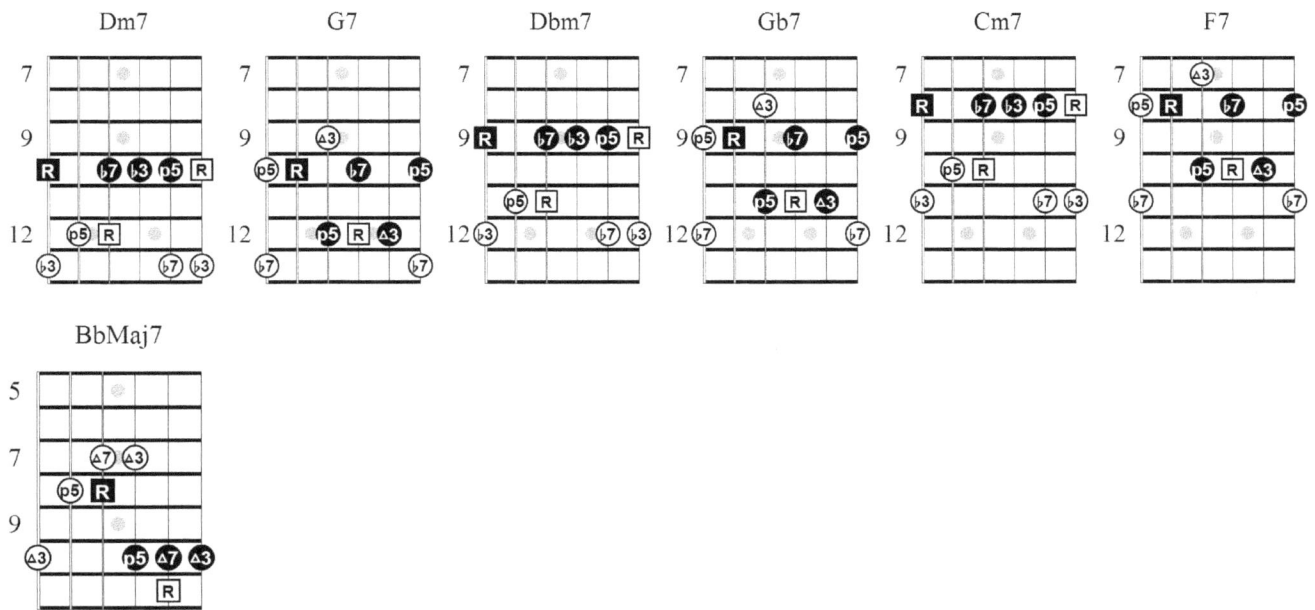

Dm7    G7    Dbm7    Gb7    Cm7    F7

BbMaj7

Pode parecer intimidador o número de notas, mas realmente há apenas três pares de arpejos descendentes. Nós podemos tocar mais ou menos notas de acordo com nossa vontade.

Começaremos com uma técnica usual no jazz e tocaremos apenas 3ª e 7ª de cada acorde para criar uma melodia descendente cromaticamente.

**Exemplo 11a:** (Cordas medianas)

**Exemplo 11b:** (Cordas superiores)

Claro que você pode focar qualquer nota do arpejo na mudança de acordes, mas os *tons guias* 3 e 7 são um bom lugar para começar.

Depois, toque um motivo melódico curto descendentemente junto com as mudanças.

**Exemplo 11c:**

Não há obrigação de tocar sobre cada acorde. Deixar bastante espaço pode ser muito eficaz. O exemplo a seguir usa uma ideia cromática para focar a 3ª do acorde dominante em cada compasso.

**Exemplo 11d:**

Tente compor algumas linhas que foquem as notas do acorde a partir do acorde iim7 em cada compasso.

Os exemplos a seguir focam a 9ª de cada acorde menor e usam um cromatismo em colcheia. Você aprendeu esses formatos de arpejo 3-9 no capítulo cinco.

**Exemplo 11e:**

Claro que as linhas podem ser tão complexas e cromáticas quanto você quiser:

**Exemplo 11f:**

Quando você estiver trabalhando em ideias como essa em seus treinos, é muito importante ouvir os seus músicos favoritos improvisando sobre essas progressões. Eu normalmente sento com a transcrição da música nas mãos e escuto *onde* o solista toca suas linhas.

Você ficará surpreso ao perceber que solistas normalmente deixam espaço sobre as mesmas mudanças de acordes em cada parte. Você pode entender como quiser, mas eu acho reconfortante saber que mesmo os melhores músicos têm um número limitado de abordagens para solos.

Outra ideia que ocorre frequentemente é tocar em sentido contrário às mudanças de acordes. Essa sequência de acordes desce rapidamente, então por que não construir algumas linhas que ascendam no sentido contrário à harmonia?

Planejar algumas linhas pode ser uma ótima forma de encontrar melodias ascendentes em harmonias descendentes complicadas.

Primeiro, vamos encontrar notas ascendentes específicas de cada arpejo para cada acorde na progressão. Isso pode ser mais fácil nas regiões mais baixas do braço, mas nós vamos ficar na área que já estamos familiarizados.

O intervalo entre cada nota do arpejo está escrito abaixo da notação.

**Exemplo 11g:**

Agora que eu já criei um caminho ascendente entre as mudanças, eu posso preencher os espaços com notas de passagem cromática. Perceba que há apenas uma nota descendente na melodia a seguir. Eu fui forçado a fazer isso quando as duas notas mais próximas do arpejo estavam a apenas um semitom de distância.

**Exemplo 11h:**

Finalmente, eu posso adicionar algumas colcheias e espaço para criar uma frase ascendente mais melódica.

**Exemplo 11i:**

Isso pode ser um processo desafiador, mas essas linhas ascendentes realmente melhoram melodicamente seus solos.

Aprenda esses arpejos em outras posições do braço e escreva o maior número de linhas que conseguir. Tente a sequência de arpejos a seguir quando você estiver confiante ao fazer os escritos nesse capítulo.

# Capítulo Doze: A Substituição do Trítono

Essa progressão pode ser ouvida na Faixa de Fundo Doze.

**Tonalidade:** Bb Maior

A substituição do trítono é extremamente útil tanto na composição quanto nos solos de jazz. O conceito é o seguinte.

*Você pode substituir qualquer acorde dominante 7 funcional por outro acorde dominante 7 que esteja a distância de uma b5ª (três tons) de distância.*

Por exemplo, a substituição do trítono de G7 é Db7 porque Db está a um b5 de distância de G.

A substituição de F7 é B7 porque B está a um b5 (três tons) de distância de F.

Ao tentar entender como essa substituição funciona, o conceito principal para lembrar é que nós "podemos" adicionar *qualquer* tensão a um acorde dominante.

Vamos ver quais intervalos as notas no B7 criam quando tocadas sobre um acorde de F7.

| F7 (Acorde original) | | | | |
|---|---|---|---|---|
| B7 (substituição b5) | B | D#/Eb | F#/Gb | A |
| Intervalo criado em relação a F7 | b5 | b7 | b9 | 3 |

O acorde de B7 tem duas notas importantes em comum com F7: a 3ª e a b7ª. A 3ª e a 7ª são os intervalos mais importantes para definir o som de um acorde.

A 3ª do B7 (Eb) é a b7ª do F7.

A b7ª do B7 (A) é a 3ª do F7.

As outras duas notas no acorde de B7 (B e Gb) formam os intervalos b5 e b9 respectivamente sobre o acorde de F7. Essas duas notas são excelentes tensões para serem inseridas sobre um acorde dominante.

**Ao tocar um arpejo de B7 sobre o acorde de F7, um solista insinua o acorde F7b5b9.**

Essa regra funciona para qualquer acorde com função dominante.

A substituição do trítono é uma importante substituição em solos de jazz e também é usada na composição de melodias e progressões de acordes.

Uma característica do uso da substituição do trítono em uma progressão de acordes é que ela cria uma *linha de baixo descendente cromaticamente.*

Por exemplo, em lugar da progressão Cm7 – F7 – BbMaj7, ao tocar a substituição do trítono de F7 (B7), a sequência de acorde agora desce Cm7 – B7 – BbMaj7.

Eles podem ser tocados da seguinte forma:

**Exemplo 12a:**

Ambas as sequências de acordes *funcionam* da mesma forma musicalmente, mas soam bem diferentes.

As músicas a seguir utilizam-se da substituição do trítono em suas construções harmônicas. A substituição do trítono pode ser notada por sua linha de baixo descendente cromaticamente.

- Garota de Ipanema [The Girl from Ipanema] (Gm7 - Gb7 - F)

- Footprints (Gbm7b5 - F7#11 - E7)

- Have You Met Miss Jones? (BbMaj7 - A7 - Abm7) e (GbMaj7 - F7 - Em7)

Toque os acordes da substituição do trítono usando os seguintes formatos:

Os arpejos para esses formatos podem ser tocados assim:

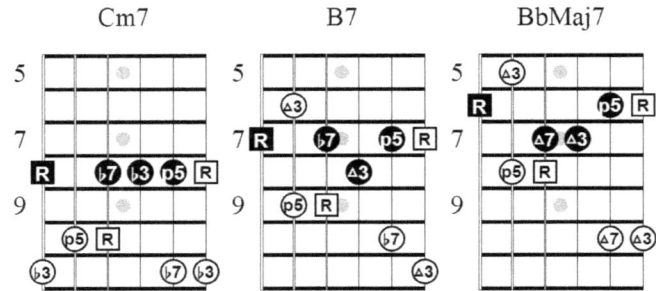

Cm7       B7       BbMaj7

Quando você está aprendendo a usar substituições de trítono em solos, é útil manter suas melodias nas notas mais agudas da guitarra. Isso ajuda a ouvir as extensões alteradas no acorde F7 em seu registro mais alto.

Os exercícios a seguir ajudarão você a começar a explorar o som peculiar da substituição do trítono em um ii V I. A faixa de fundo está tocando a sequência Cm7 - F7b5 - BbMaj7, mas nós estamos substituindo um arpejo B7 sobre o acorde F7b5.

**Exemplo 12b:** (Semínima)

Cm7       B7       Bbmaj7

Cm7       B7       Bbmaj7

**Exemplo 12c:** (Colcheias)

**Exemplo 12d:** (Notas de aproximação cromática)

Qualquer acorde dominante funcional pode ser precedido por *seu* acorde iim7 e isso também se aplica a substituição do trítono. Você normalmente ouvirá solistas tocando a substituição do trítono *e* o acorde ii que normalmente precederia sua substituição. A regra é:

**Qualquer acorde dominante pode ser precedido por um acorde m7 que esteja uma 5ª acima.**

Nos exemplos acima, o acorde original F7 é substituído por um B7 e o acorde ii de B7 é F#m7.

Isso significa que em vez de simplesmente tocar um arpejo de F7 no compasso dois, nós podemos tocar F#m7 e B7.

No papel, fica assim:

O B7 é a substituição b5 de F e o F#m7 é o acorde ii do B7.

Pode parecer estranho tocar F#m7 sobre F7, mas para ver quais intervalos as notas do arpejo de F#m7 formam sobre o acorde original de F7, veja na seguinte tabela.

| F7 (Acorde original) | | | | |
|---|---|---|---|---|
| F#m7 (substituição do acorde ii do b5) | F#/Gb | A | C# | E |
| Intervalo formado em relação ao F7 | b9 | 3 | #5 | 7 Natural |

A única nota para se preocupar ao usar essa substituição é o E, pois ele forma uma natural 7 que entra em conflito com o b7 no F7. Entretanto, como essas substituições são normalmente tocadas de forma rápida, qualquer choque é imediatamente resolvido, portanto não é um grande problema desde que você não repouse no E por muito tempo. Se você quiser, pode simplesmente tocar uma *tríade* menor de F# (F# A C#) e evitar o E.

O arpejo F#m7 é tocado da seguinte maneira:

Coloque esse arpejo nos seus exercícios de treino.

**Exemplo 12e:**

**Exemplo 12f:**

**Exemplo 12g:**

**Exemplo 12h:**

Essa combinação de substituições pode ser difícil de incorporar a princípio.

A seguir, nós também podemos tocar arpejos estendidos 3-9 tanto nos acordes de Cm7 quanto BbMaj7.

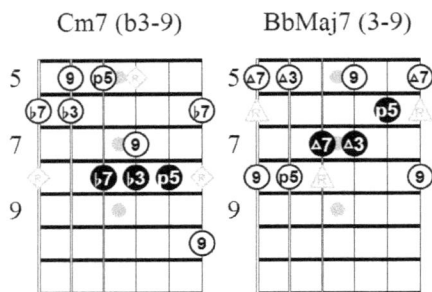

Aqui está um exemplo de todos esses arpejos combinados uns com os outros.

**Exemplo 12i:**

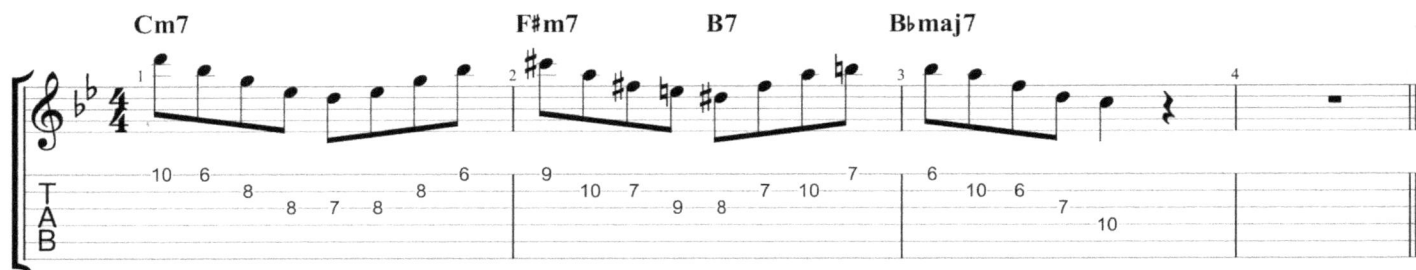

A substituição do trítono é muito importante no jazz e você deve investir algum tempo para se familiarizar com ela. Nós vamos ver mais alguns exemplos no próximo capítulo.

A substituição do trítono pode ser usada em *qualquer lugar* onde haja um acorde dominante funcional (não apenas em um ii V I). Um lugar usual de se ouvi-la é no compasso quatro de um jazz blues em direção ao acorde IV.

Os primeiros oito compassos de um jazz blues são normalmente assim:

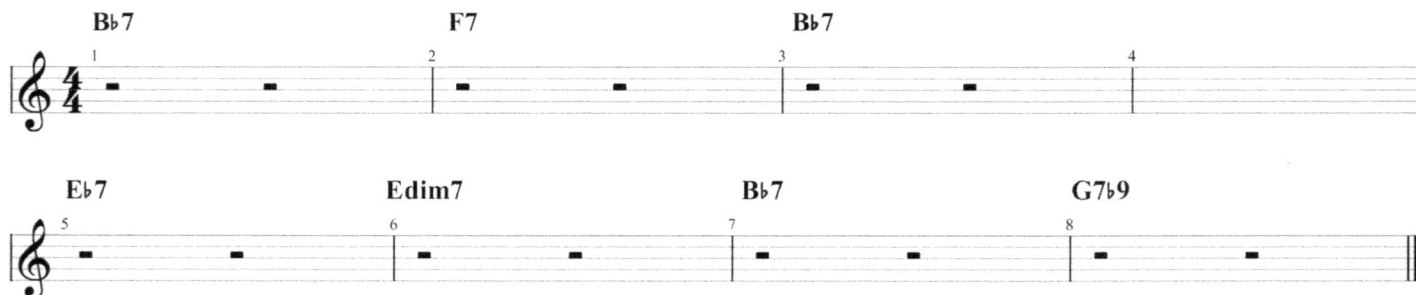

No compasso quatro, o Bb7 age como o acorde dominante de Eb7. A substituição do trítono de Bb7 é E7, por isso nós podemos substituir o Bb7 no compasso quatro por um E7 e então usar um arpejo de E7. O E7 pode ser então precedido por *seu* acorde ii (Bm7), por isso a progressão agora se torna:

Tente usar essas substituições em uma faixa de fundo de jazz blues.

# Capítulo Treze: III7 biii ii bII7 I

```
     D7          Dbm7        Cm7         B7          Bbmaj7
```

Essa progressão pode ser ouvida nas Faixas de Fundo Treze e Quatorze.

**Tonalidade: Bb Maior**

Essa progressão é uma substituição para o turnaround I VI ii V. Os dois compassos finais formam um ii V I no acorde tônica de BbMaj7 e usam a ideia de substituição do trítono que foi ensinada no capítulo anterior. Essa ideia é comum na música de Joe Pass e George Benson.

Os acordes no compasso um são substituições para os acordes I e VI na progressão de turnaround original I VI ii V. É necessário um pouco de teoria para entender da onde surgem esses acordes.

Por enquanto, você deve aceitar a ideia de que o acorde Dm7 é uma substituição comum do BbMaj7 e pode ser entendido como um BbMaj9 sem tônica. Os músicos de jazz normalmente alteram a *qualidade* de qualquer acorde em uma progressão. Nesse caso, o acorde original BbMaj7 foi substituído por um Dm7 e depois o Dm7 teve sua qualidade alterada para um Dominante 7.

Na segunda metade do compasso um, o Dbm7 pode ser visto como uma substituição do trítono para o acorde G7 original.

Você aprendeu no capítulo doze que a substituição do trítono normalmente seria tocada como um acorde dominante 7 (como no compasso quatro), mas mais uma vez a qualidade foi alterada. Dessa vez, a mudança é de um acorde dominante 7 para um acorde m7. Tocar um arpejo Dbm7 sobre um acorde G7 cria um som de G13b5b9.

O resultado de todas essas substituições é que uma progressão cromaticamente descendente foi criada a partir do acorde III (D7) até o acorde I.

Vale salientar que a qualidade de *qualquer* acorde nessa sequência pode ser modificada, você poderia tocar cada acorde nos primeiros quatro compassos como um m7, dominante 7, ou mesmo um dominante 7 alterado.

Outra coisa para se ter em mente ao estudar essa sequência como solista é que a progressão nesse capítulo já é um grupo relativamente complexo de substituições do simples *turnaround* I VI ii V:

```
    (Bmaj7)     (G7b9)       (Cm7)        (F7)
     D7          Dbm7        Cm7         B7          Bbmaj7
```

Como nós estamos tocando substituições complexas no solo e a parte rítmica ainda tocará a sequência de acordes original, não há necessidade de outras ideias de substituições. O ouvinte normalmente já está escutando substituições interessantes.

O melhor a fazer é investir em ideias simples e fortes ritmicamente que realcem claramente os arpejos entre parênteses.

Comece aprendendo os acordes que formaram a base da sequência de arpejos.

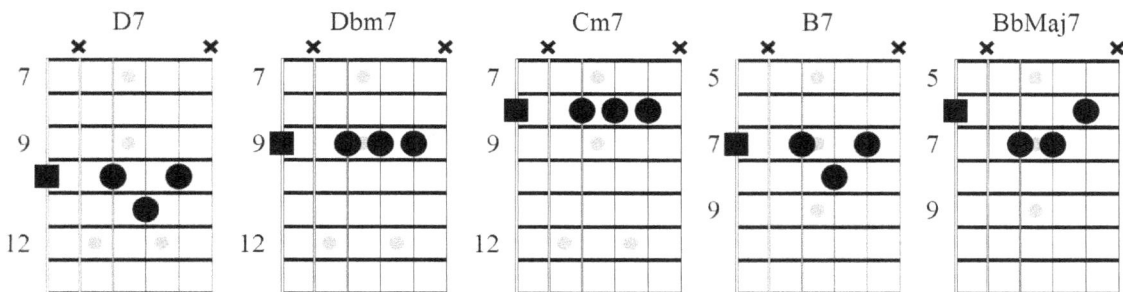

Embora nós pudéssemos aprender essa progressão apenas em uma posição do braço, aprendê-la descendentemente é muito mais fácil. Isso nos permitirá ouvir as mudanças mais facilmente e evitar os diversos movimentos complexos de arpejos que ocorreriam se a progressão fosse ensinada em uma pequena área.

Quando você estiver confortável com esses formatos de acordes, aprenda os seus arpejos:

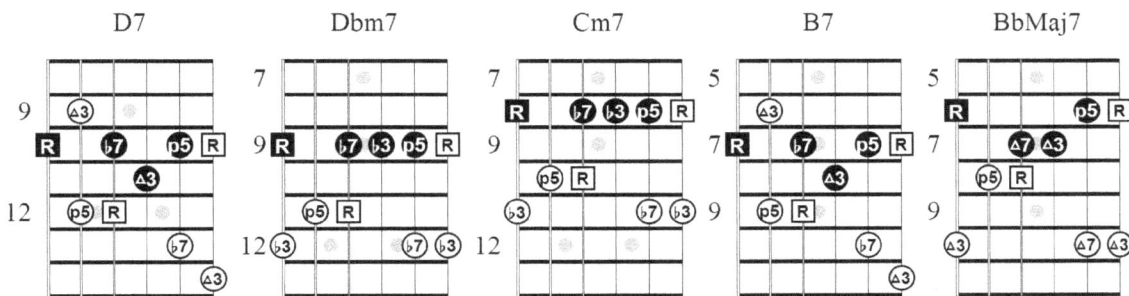

Assim como as ideias no capítulo doze, é útil focar em aprender esses arpejos em cordas agudas para que as extensões e alterações dos acordes originais sejam claramente ouvidas.

Há duas faixas de fundo nesse capítulo. A primeira tem a sequência de acordes pura e a segunda tem a progressão *original* I VI ii V para que você possa ouvir claramente o efeito dessas substituições.

Comece usando semínimas para achar caminhos entre cada arpejo.

**Exemplo 13a:**

**Exemplo 13b:** (Inserindo colcheias)

**Exemplo 13c:** (Todas colcheias)

É possível inserir alguns ritmos mais interessantes nessas mudanças.

**Exemplo 13d:**

**Exemplo 13e:**

Depois, adicione ideias cromáticas entre as mudanças.

**Exemplo 13f:**

**Exemplo 13g:**

Finalmente, vamos usar as substituições 3-9 nos acordes Cm7 e BbMaj7.

Cm7 (b3-9)          BbMaj7 (3-9)

**Exemplo 13h:**

**Exemplo 13i:**

As substituições nesse capítulo são bem avançadas e exigem muito tempo de prática para serem internalizadas. Embora os exercícios sejam importantes para aprender a teoria e aplicação das substituições, o benefício para a audição será de longo prazo.

O objetivo principal é ser capaz de ouvir como essas substituições soam no contexto para que você esteja livre para criar melodias sem se preocupar com arpejos e teoria.

Quando estiver pronto, aplique as ideias desse capítulo na seguinte área do braço.

# Capítulo Quatorze: Mais Progressões

Embora eu tenha tentado ser o mais minucioso possível na abordagem de progressões usuais de jazz, há infelizmente algumas sequências que eu não tive espaço para incluir. Os exemplos dados na parte principal desse livro devem ser sua prioridade, mas há algumas outras progressões que você deve conhecer.

A seguir, há um breve resumo dessas progressões de acordes. Eu espero que após ler esse livro, você possa aplicar os métodos ensinados para dominar rapidamente essas novas progressões.

## Variações Rítmicas Ponte

Essa é uma progressão extremamente usual porque é a parte mediana de qualquer música com "mudanças de ritmo" como "I Got Rhythm" ou "Oleo". Essa sequência não tem um capítulo próprio porque a maior parte dela foi abordada no capítulo dois.

## Movimento Descendente da Tônica em um Acorde Menor

Essa sequência ocorre em diversas músicas menores, como "My Funny Valentine" e "Yesterdays", quando há um período prolongado em um acorde menor. A ideia é que a tônica do acorde (nesse caso, Bb) desça um semitom por compasso.

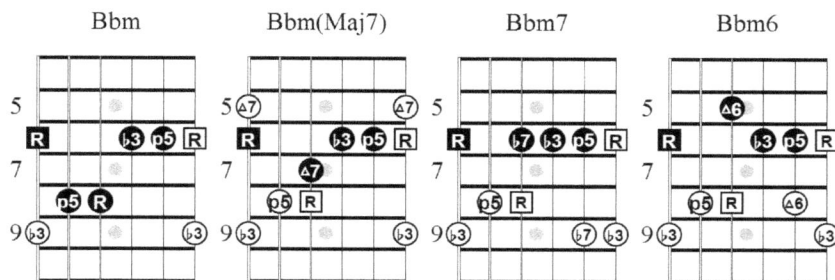

Bbm        Bbm(Maj7)        Bbm7        Bbm6

## Variações Ladybird

Esse é um turnaround pouco usual que ficou famoso no tema de jazz Ladybird.

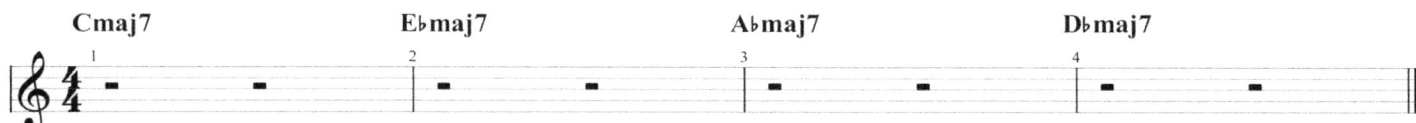

Cmaj7        Ebmaj7        Abmaj7        Dbmaj7

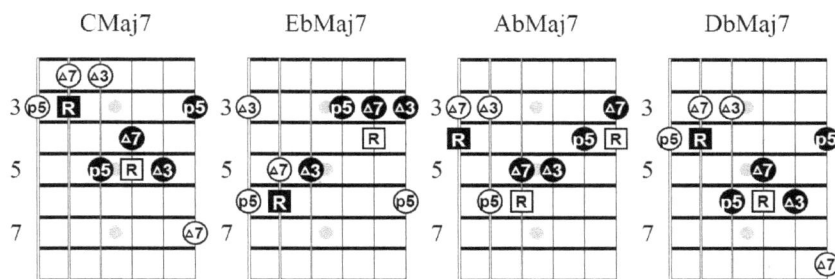

CMaj7        EbMaj7        AbMaj7        DbMaj7

Das três sequências de acordes nesse capítulo, as duas primeiras são definitivamente dignas de se investir algum tempo, pois aparecem frequentemente nos temas de jazz. Use o método que você aprendeu nesse livro e estude as mudanças em pequenos grupos de cordas antes de tocar linhas longas, insira cromatismos e crie melodias.

O verdadeiro segredo é ouvir e transcrever aquilo que seus músicos favoritos tocam. A escolha de notas deles irá muitas vezes te surpreender, mas normalmente a análise do estilo deles pode te abrir muitas portas interessantes como improvisador.

Além disso, ouça *quando* os grandes do jazz tocam suas frases e tente copiá-los.

Há muitas outras formas interessantes de praticar variações e o capítulo a seguir te dá algumas ideias práticas que são úteis para desenvolver sua audição e domínio do braço.

# Capítulo Quinze: Exercícios para Praticar Mudanças

As dicas práticas nesse capítulo são algumas direções e estratégias para ajudá-lo a memorizar importantes progressões, arpejos e sons. No fundo, elas se resumem a desenvolver seu conhecimento do braço sendo bem específico em relação às notas que você está tocando em cada acorde e quando você as toca.

Cada arpejo nesse livro é mostrado em um diagrama com cada intervalo do arpejo marcado. As tônicas são mostradas como quadrados e outras notas do arpejo são mostradas como círculos.

Como você sabe, certas notas são mais fortes para se "soletrar" os acordes, as notas mais importantes em qualquer acorde são a 3ª e 7ª.

Ao focar em intervalos específicos de um acorde em seu treino, você não desenvolve apenas habilidades no braço, mas também seus ouvidos. Você nunca aprenderá música apenas olhando diagramas no papel. A música precisa ser ouvida e *sentida*. Você sabe qual a *sensação* gerada por uma nona sobre um acorde maior?

Os exercícios a seguir te ajudarão a conectar seus ouvidos a sua guitarra.

A lista de ideias de treino foi cuidadosamente selecionada. Elas podem te tomar meses ou anos de treino e mesmo os melhores músicos terão dificuldade para realizar todas. Não quer dizer que sejam impossíveis, mas são trabalhosas.

Comece escolhendo uma sequência de acordes ou música que você conheça bem, coloque uma faixa de fundo e então explore as seguintes ideias.

- Tocar apenas a tônica de cada acorde no tempo um.

- Tocar apenas a terça de cada acorde no tempo um.

- Tocar apenas a sétima de cada acorde no tempo um.

- Tocar apenas a quinta de cada acorde no tempo um.

- Tocar apenas a nona de cada acorde no tempo um (natural ou b9/#9 sobre dominante funcional).

- Tocar a 3ª e então a 7ª.

- Tocar a 7ª e então a 3ª.

- Tocar a 3ª e 7ª juntas como um bicorde.

- Tocar a tônica, 3ª e 7ª juntas como um acorde.

- Toque um semitom abaixo da tônica e depois a tônica de cada acorde (tente isso com a nota de aproximação de semitom no contratempo do compasso anterior e repouse na tônica do tempo um)

- Repita o passo anterior, mas toque um semitom abaixo do alvo no tempo e na nota alvo no contra-tempo.

- Repita os dois passos anteriores com a 3ª, depois a 7ª e finalmente a 5ª.

- Toque um semitom abaixo do alvo, uma *nota da escala* acima do alvo e, finalmente, toque a nota alvo.

- Repita todos os passos anteriores, mas dessa vez foque no tempo dois do compasso.

- Repita, mas foque no tempo três do compasso

- Repita, mas foque no tempo quatro do compasso

- Foque na tônica ascendendo a partir de dois semitons abaixo em colcheias. Por exemplo, foque na nota C com a sequência Bb, B, C.

- Repita o passo anterior, mas focando a 3ª.

- Foque na 7ª.

- Foque na 5ª.

- Foque na 9ª.

- Toque a 3ª, 7ª e 9ª em sequência (#9 ou b9 em uma dominante)

- Toque a 3ª, 7ª e 9ª em sequência.

- Repita os dois passos anteriores com os intervalos tocados como um acorde.

- Toque os arpejos descendentemente até a extensão máxima que puder.

- Toque os arpejos ascendentemente até a extensão máxima que puder.

- Toque quatro colcheias, repouse uma colcheia e continue essa sequência para criar excelentes ideias de deslocamento.

- Toque frases com duas colcheias.

- Toque frases com três colcheias.

- Toque frases com cinco colcheias.

- Toque frases de um compasso começando no tempo dois.

- Toque frases de um compasso começando no tempo três.

- Toque frases de um compasso começando no tempo quatro.

- Repita os três passos começando nos contra-tempos (os "e" de cada tempo).

Essa lista te dá algumas excelentes dicas para seu treino. Eu recomendo que você escolha uma ideia e pratique-a com afinco em uma música por um tempo antes de partir para uma ideia diferente na mesma música. Coloque alguns desses exercícios em seus treinos e você ouvirá rapidamente a melhora.

Se uma ideia for muito difícil, tente outra, mas seja objetivo ao definir exercícios desafiadores e quais estão acima do seu nível atual. Como você já está estudando os solos sobre variações de jazz, eu acredito que os quinze primeiros exercícios estejam nos níveis apropriados.

Pratique em períodos curtos. Ligue um cronômetro por quinze minutos e pare quando ele tocar. Faça uma pausa e volte para outro treino mais tarde.

Grave seus treinos em vídeo. Isso não só te preparará para tocar ao vivo como te ajudará a medir sua evolução. Não assista a gravação no mesmo dia, isso te ajudará a ser objetivo e imparcial sobre sua performance.

Vá devagar, você aprenderá mais e terá mais confiança ao fazer uma coisa muito bem do que fazendo dez coisas precariamente.

Transcreva, escute e sorria quando estiver tocando.

# Conclusões

Esse livro abordou as variações de acordes mais comuns que você encontrará como guitarrista de jazz. Embora você vá encontrar certamente outras sequências, você ficará surpreso com quantas vezes se deparará com essas variações fundamentais no jazz.

Quando você encontrar novas variações, elas normalmente serão uma substituição ou uma progressão abordada nesse livro. A primeira coisa a fazer é ver o contexto no qual as variações são tocadas. Por exemplo, se a nova sequência de acordes está nos últimos dois ou quatro compassos de uma música, então ela é provavelmente algum tipo de substituição para um ii V I, um I VI ii V ou um iii VI ii V. Nem sempre será assim, mas já é um bom começo.

Se você suspeitar que a nova sequência de acordes é uma substituição para um turnaround, veja quais intervalos as notas na nova sequência formariam sobre a sequência original, assim como fizemos no capítulo quatorze.

O movimento de baixo cromático é normalmente um sinal de uma substituição do trítono e não esqueça que o acorde iim7 da substituição também é usada.

Veja o movimento do baixo entre os acordes dominantes em uma sequência complexa e se for cromático entre eles e houver acordes m7 entre cada dominante, então você estará vendo provavelmente uma sequência de substituições do trítono com o iim7 de cada acorde adicionado.

Normalmente no Livro Real, você verá as "variações alternativas" escritas acima como uma simples progressão de acordes. Uma ótima forma de aprender substituições de arpejos é passar algum tempo praticando como escrever substituições relacionadas aos acordes originais.

Se uma progressão de acordes for completamente nova para você, os métodos mostrados nesse livro devem permitir que você a domine rapidamente. O segredo é focar em tocar os acordes sobre uma pequena área em duas cordas. Aos poucos mova-se no grupo de duas cordas ao longo do braço e siga para grupos de três e quatro cordas.

Focar em uma área tão pequena pode parecer exagero, mas eu garanto que você aprenderá e internalizará as variações muito mais rápido desse jeito.

Gradativamente, comece a "ligar os pontos" com notas de aproximação cromática e depois insira colcheias no tempo quatro. Quanto mais músicas você treinar, mais simples esse processo se tornará. Antes que perceba, você será capaz de tocar um solo de jazz convincente sobre qualquer tema de jazz. Quanto mais tocar, mais rápido irá reconhecer progressões similares acontecendo repetidas vezes.

Lembre-se de praticar a *melodia e ritmo*. Divida suas frases para adicionar musicalidade e requinte aos seus solos. O bebop, na sua pior forma, pode acabar virando uma competição para ver quem toca as maiores linhas em colcheias.

Ouça os artistas que você gosta e veja onde eles fazem pausas entre as frases. O bebop é um estilo que se desenvolveu nos saxofones e trompetes. A única coisa que esses instrumentos têm em comum é que o músico precisa respirar antes de cada frase, o que lhes dá uma vantagem natural no fraseado.

Como guitarristas, é quase sempre uma benção que nossas linhas não necessitem da nossa respiração. Por isso, é fácil esquecermos de dividir nossas linhas em frases menores. Ouça grandes saxofonistas e trompetistas se você quiser entender como é o fraseado do bebop.

Músicos mais modernos, como Pat Martino, tocam linhas extremamente longas em colcheias e semicolcheias. Entretanto, essas linhas são articuladas com um incrível controle da palhetada e da dinâmica. Essas linhas mais longas têm uma estrutura interna extremamente difícil de replicar.

Muitos guitarristas e tecladistas gostam de cantar as linhas que tocam. Isso não só ajuda a conectar nossos ouvidos aos dedos na guitarra, mas também nos *força* a parar de tocar para respirar. George Benson é um mestre nisso.

O melhor conselho que posso dar é para você estudar esses exercícios e também transcrever grandes solos que usam essas progressões.

Sempre esteja trabalhando em uma transcrição, mesmo que seja durante apenas cinco minutos por dia. Além disso, atualmente existem muitas transcrições de qualidade de grandes artistas tocando. Eu sempre tenho uma transcrição de Joe Pass e Wes Montgomery comigo; e tentar dominar o fraseado deles toma a maior parte da minha rotina de treinos atualmente.

No fundo, os exercícios nesse livro te ensinarão onde as notas "corretas" estão na guitarra e como estruturar seu solo ao redor delas. Entender como é verdadeiramente usado o *vocabulário* do jazz é uma outra tarefa.

Esse livro oferece os alicerces da construção de solos no jazz, embora esse tipo de treino seja essencial, transcrever e aprender solos dos mestres é que transformará esses pedaços em música verdadeira.

Divirta-se!

Joseph

# Integre-se

Para centenas de aulas de guitarra grátis, acesse **www.fundamental-changes.com**

**Junte-se a mais de 10.000 pessoas que recebem seis aulas de guitarra gratuitas diariamente no Facebook:**

**www.facebook.com/FundamentalChangesInGuitar**

FB: **FundamentalChangesInGuitar**

Instagram: **FundamentalChanges**